韧性视角下的
旅游经济高质量发展研究

罗　瑶　易肖肖　著

湘潭大学出版社
XIANGTAN UNIVERSITY PRESS

目　录

第一章　绪　论

第一节　研究背景

旅游业对一个地区的经济、社会、文化、环境均有影响。作为集吃、住、行、游、购、娱于一体的综合性产业，旅游业已成为世界第三大出口产业。几十年来，旅游业一直是中国经济活动增长的重要推动力。根据联合国世界旅游组织的数据，2015 年中国已成为仅次于美国的世界第二大旅游经济体，中国旅游业不仅推动了区域经济的发展，而且为就业创造了更多的机会，同时减缓了贫困问题，为世界旅游业可持续增长提供了中国智慧。旅游业的快速发展带动了其他产业的发展，从而促进了社会经济的发展。旅游业发展也符合联合国提出的 17 项可持续发展目标。

自改革开放以来，随着一系列促进旅游业发展政策的实施，中国旅游人数和旅游收入持续迅猛增长，使得旅游业成为中国国民经济发展中的重要支柱产业，同时也是增长迅猛的消费领域之一。2010—2021 年中国接待国内和入境游客数量如表 1.1 所示。从表中可以看出，2010—2019 年，国内游客数量持续快速增长。2010—2019 年，入境游客增速相对缓慢。2020—2021 年，受新冠疫情影响，国内游客数量和入境旅游人数下降。在未来几年，中国可以通过向世界各国宣传旅游景点，吸引更多的国际游客来中国旅游，从而促进旅游业发展。

表 1.1　2010—2021 年中国国内游客和入境游客数量

年份	国内游客人数/亿人次	入境游客人数/百万人次
2010	21.03	13 376.22
2011	26.41	13 542.35
2012	29.57	13 240.53
2013	32.62	12 907.78
2014	36.11	12 849.83
2015	40.00	13 382.04
2016	44.35	13 844.38
2017	50.01	13 948.24
2018	55.39	14 119.83
2019	60.06	14 530.78
2020	28.79	2 747.00
2021	32.46	3 198.00

资料来源：《中国统计年鉴》。

旅游业作为现代服务业，是促进区域经济结构转型升级、加快形成经济新的增长点的低能耗产业。近年来，旅游经济不断展现出新的活力，旅游收入占 GDP 的比重不断提高，旅游业的地位不断提升。表 1.2 所示为 2010—2021 年中国旅游总收入占 GDP 的比重。从表 1.2 中可以看出，2010—2019 年，中国的旅游收入呈现出稳步增长的趋势。2020—2021 年，受新冠疫情影响，旅游收入下降。

表 1.2　2010—2021 年中国旅游总收入占 GDP 的比重

年份	国内旅游收入/亿元	国际旅游收入/亿元	旅游总收入/亿元	GDP/亿元	旅游总收入占 GDP 比重/%
2010	12 579.77	458.14	13 037.91	412 119.3	3.16
2011	19 305.39	484.64	19 790.03	487 940.2	4.06
2012	22 706.22	500.28	23 206.5	538 580.0	4.31
2013	26 276.12	516.64	26 792.76	592 963.2	4.52
2014	30 311.86	569.13	30 880.99	643 563.1	4.80
2015	34 195.05	1 136.50	35 331.55	688 858.2	5.13
2016	39 390.00	1 200.00	40 590.00	746 395.1	5.44
2017	45 660.77	1 234.17	46 894.94	832 035.9	5.64
2018	51 278.29	1 271.03	52 549.32	919 281.1	5.72
2019	57 250.92	1 312.54	58 563.46	986 515.2	5.94
2020	22 286.30	—	22 286.3	1 013 567.0	2.20
2021	29 190.70	—	29 190.7	1 143 669.7	2.55

资料来源：《中国统计年鉴》。

注：由于国家统计局未公开数据，2020 年和 2021 年国际旅游收入数据缺失。

从表 1.1 和表 1.2 可以得出，旅游业可以带来巨大的经济效益。同时，我们也发现，新冠疫情对旅游业造成了巨大的冲击。政治、经济和自然灾害等外部环境变化会对旅游业产生巨大影响。根据联合国世界旅游组织的数据，2020 年的国际游客数量比 2019 年下降了 74%，亚太地区、中东和欧洲的游客数量分别下降了 84%、75%和 69%。根据文化和旅游部发布的统计数据，受新冠疫情影响，2020 年国内旅游人数为 28.79 亿人次，比 2019 年同期减少 31.27 亿人次，同比下降 52.1%；入境游客为 2747 万人次，同比下降 81%。中国旅游业受到前所未有的重创。在公共卫生事件的影响下，旅游业的脆弱性再次成为学术界关注的焦点。

中国旅游业经历了多次重大突发事件，如亚洲金融危机、非典、汶川地震、全球经济危机等，这些事件往往会带来游客数量下降、基础设施破坏、旅游形象受损等负面影响。自21世纪以来，面对全球范围内日益频繁的冲击，经济学理论认为，旅游经济可以从风险管理转向经济韧性。新冠疫情对中国旅游业造成了强烈的冲击，旅游业几乎处于停滞状态。面对这样的突发危机，旅游业能否形成应变能力，实现复苏，已成为学术界的研究热点，而韧性为旅游业应对突发事件提供了新的理论参考和依据。

第二节 研究意义

旅游业是全球最为重要的经济行业之一。2020年，受新冠疫情影响，旅游业发展放缓，全球旅游业一度陷入停滞状态。针对外部冲击，旅游经济韧性可以有效评价区域旅游业的抗冲击能力和可持续发展能力。从韧性概念的发展历史来看，韧性经历了从工程韧性到生态韧性，再到进化韧性的过程。

在工程韧性领域，学者们认为韧性的基本作用是将系统恢复至初始状态，这是一种单一平衡。研究生态韧性的学者则认为，韧性的基本作用是使系统形成新的平衡状态，强调系统的缓冲能力，即多重平衡。韧性究竟是指恢复到原有的稳定平衡状态还是指形成新的平衡状态，学术界一直没有停止争论。最近，有学者从进化论的视角来分析韧性，认为动态演化有助于分析韧性的变动趋势，可以归纳出不同阶段韧性的波动趋势，从而更准确地评价旅游经济的表现。进入21世纪以来，经济危机、环境变化、公共卫生事件等冲击对中国旅游业产生了巨大影响。学术界展开了热烈的讨论，现有的研究关注旅游经济韧性的各种影响因素，如旅游资源、经济发展水平、基础设施、产业结构、劳动力水平和市场条件都与韧性高度相关。旅游经济韧性指标可用于比较不同时空维度的旅游经济，定量评估面对冲击时旅游经济的响应能力。然而，很少有学者制定完备的旅游经济韧性指标体系，以便于跟踪韧性研究进展，并根据评估结果制定促进旅游经济韧性的相关政策。

虽然学术界对旅游经济韧性的研究取得了丰硕的成果，但也存在一些问题：一是有关韧性的理论研究集中在心理韧性和社区韧性上，对经济韧性研究不足，特别是旅游经济领域。二是理论研究较多，实证研究较少，尤其是利用二手数据对韧性测量的研究相对不足。三是静态研究较多，动态研究较少。静态研究往往是构建韧性指标体系，从时间序列角度对经济韧性进行研究，缺乏从时间和空间双维度的分析，而且空间异质性也是亟待解决的问题。四是对经济韧性影响因素的研究较多，包括宏观和微观的，但缺乏较为全面的、综合的多维度指标体系。五是研究对象主要为全球或单个案例，缺乏对某一区域的韧性分析，特别是区域内外的差异研究较少。本研究拟采用综合评价法评估中国省际旅游经济韧性，找出旅游经济韧性的动态演化规律，确定影响旅游经济高质量发展的因素，提出促进旅游经济高质量发展的建议。

第三节 研究理论

一、适应性循环理论

适应性循环理论是用于解释复杂系统的经典理论，由 Hunderson 和 Holling 提出，这一理论系统地描述了社会生态系统的动态演化过程。该理论认为，社会生态系统的循环分为四个阶段（如图 1.1 所示）：发展阶段（r）、保存阶段（k）、释放阶段（Ω）、重组阶段（α）。潜力主要指系统内部未来的发展空间，例如生态系统中的生物多样性、经济系统中的经济波动等。连通性指系统内部各要素之间的关系，这种关系会随着时间的推移而增强。韧性用于评估系统在遭受危机和波动后能否保持原有的功能。韧性低，说明系统抵御危机的能力差，容易受到外部因素的影响。在适应性循环模型中，一个明显的特征就是各要素需要不断地动态演化，以适应变化。对潜力、连通性和韧性这三个要素的深入研究发现，随着要素的变化，整个系统也在不断变化。在发展阶段（r），系统处于初始运行状态，各要素水平较低，不存在经济风险。在保存阶段（K），系统能有效降低自身韧性，增强各要素之间的连通性，潜力开始下降。在释放阶段（Ω），系统潜力降低，随着系统各要素之间矛盾的加深，系统资本积累减少，受外界影响程度提高。在重组阶段（α），系统演化，回到初始发展阶段，实现系统重组，应对内部潜能提升。四个阶段构成适应性循环过程。

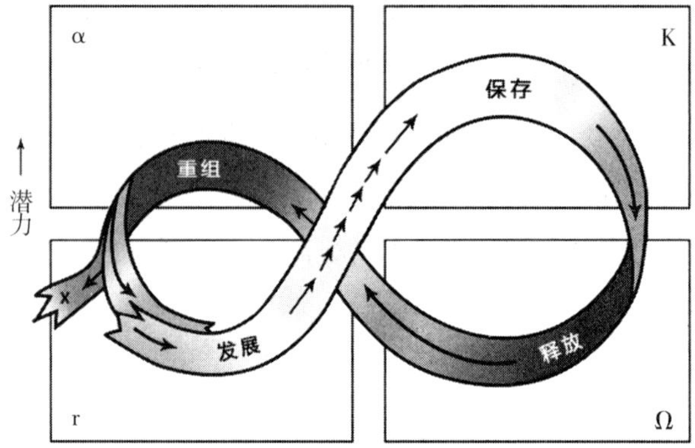

图 1.1　适应性循环

一些经济地理学家研究了“路径依赖”和“锁定”的概念，以理解经济发展。他们认为，进化论适用于经济韧性，强调经济系统需要适应外部变化，存在多种均衡状态。虽然学者们普遍认为均衡结果是长期的，但事实上，经济发展受历史和路径的影响，没有固定的发展模式。在此理论背景下，区域经济韧性的“解锁”能力非常重要，它能在危机中适应环境，找到新的增长方式。有学者认为，“锁定”是一种动态状态，如经济的演进过程。区域经济发展从“正锁定”到“负锁定”，“锁定”可能会增强产业活力，但会导致生产力、适应力和竞争力下降，制约产业创新，影响经济发展。因此，要实现区域经济增长，必须积极“锁定”，不断壮大产业，拉动新兴经济。经济韧性不仅具有自适应能力，还受到制度和市场的影响。

二、韧性的发展

“韧性”一词最初来源于拉丁语“resilire”，表示某一系统随时准备恢复到原始状态。韧性最早在工程机械领域应用较多，物理学家运用韧性来表达金属在受到外力冲击后恢复形状的能力，用以描绘系统在遭受外部干扰后能够恢复原状的程度。

随着社会的发展和进步，学者们对韧性有了更深刻的理解。加拿大学者Holling首次将韧性应用于生态学领域，用韧性表示生态系统在受到外部冲击后恢复到原始状态和平衡状态，甚至达到一种或多种平衡状态的能力。后来，在生态韧性的基础上，一些学者提出了进化韧性。进化韧性是指随着时间的推移，一个系统适应新环境，以应对不断变化的环境条件的能力。此后，社会学、管理学和心理学等不同领域的研究人员开始关注韧性，韧性理论得到了极大的发展。

（一）第一阶段：工程韧性向生态韧性的转变

韧性这一概念首先引入力学领域，而工程韧性的概念更符合人们对韧性的直观理解。其定义为：一种从受损中恢复的能力。在后续的应用中，韧性的范畴不限于单个工程项目，更多是指系统的韧性。工程韧性通常用于描述系统抵御冲击的能力以及从原始状态中恢复的能力。在随后的研究中，Herrera将工程、材料等视为一个单一的稳定系统，系统在受到冲击后，功能恢复得越快，系统的韧性就越强。一般来说，工程韧性强调的是系统在受到冲击后恢复到原始状态的能力，并用恢复时间来判断这种能力。

在面对外部冲击和干扰时，应该思考不同地区在韧性方面呈现出的差异，应该考虑到其不同的经济和自然条件，区域是否会达到不同程度的稳定或平衡。Holling强调生态系统的稳定性与变化之间的关系，这为后来的生态韧性研究奠定了基础。随后，Gunderson研究了区域生态系统的韧性，阐述了韧性在复杂生态系统管理中的应用，为解决生态系统脆弱性和韧性问题提供了思路和方法。Turner等评估了在压力下系统的脆弱性和韧性，提出了脆弱性分析框架，阐述了系统脆弱性对韧性的重要性。Walker等研究了社会生态系统的韧性、适应力和转换性，强调社会生态系统在面对不同压力和挑战时的适应和变化能力，并从社会生态系统韧性的角度提出了建议。Berkes 等分析了社会生态系统的复杂性、变化性和挑战性，从生态学和社会学结合的角度提供了实证案例和检验，并提出了韧性理论和一些实用策略。Carpenter 和 Brock 分析了社会生态系统的适应能力和陷阱，强调了适应能力对系统可持续性和韧性的重要性，并对面临危机的系统的发展路径提出了一些见解。Alliance提出了评估社会生态系统韧性的工具和方法，以帮助评估系统韧性。Anderies 重申了韧性和可持续性的概念，为可持续发展提供了一个理论框架。根据 Saja 等的观点，生态韧性的主要特征是其并非只关注事物的最终平衡，而是以系统恢复到稳定状态的速度作为衡量韧性的标准。生态韧性并不需要系统完全恢复到原有状态，而是系统在受到干扰后可以通过学习进行修复和改进，实现新的平衡。实现新的平衡的关键在于系统的可持续发展能力。

（二）第二阶段：从生态韧性向进化韧性过渡

进化韧性也被称为社会生态韧性。早在 1998 年，Peterson 就提出生态系统的韧性与生物多样性密切相关，并强调了生物多样性在生态系统韧性中的重要作用，为生物多样性保护和生态系统管理提供了理论支持。Adger 进一步研究了社会与生态韧性之间的关系，强调了社会系统在面对外部冲击时的适应性与生态系统之间的相关性，为社会学领域引入韧性概念奠定了基础。随后，Gunderson 和 Holling 引入“泛生态”理论，用于分析社会经济生态系统的演化过程，以帮助理解生态系统与社会系统之间的相互作用。Gunderson 和 Holling 提出了“全域治理”的概念，强调社会和生态系统的变化和适应是持续的，并从整体视角来研究社会和生态系统的复杂性及其演变。Adger 等从沿海地区社会和生态系统抵御灾害的角度，分析了社会与生态系统之间的互动关系，为沿海地区管理和应对灾害提供了新的研究视角，有助于提高社会和生态系统的恢复能力。Folke 认为，应将社会因素纳入韧性研究工作中，认为社会与生态系统之间存在密切联系，并强调社会和生态系统相互作用对系统稳定性和可持续发展的重要性。在对社会与生态系统的作用和演化进行研究并取得丰富成果的同时，一些学者通过定量方法对社会和生态系统韧性的测量和评估做出了一些贡献。Carpenter 等构建了一个多维度的生态系统韧性测量方法，并提出了合理的建议。Adger 和 Vincent 强调，韧性具有很大的不确定性，是一个动态的复杂过程，他们提供了测量和评估韧性的方法，揭示了社会生态系统中的不确定性和应对策略。Biggs 等从系统变化预警的角度分析了提前识别系统变化并采取预防措施的重要性，对系统变化的监测和管理提出了一些建议。Walker 和 Salt 则系统阐述了韧性的概念和应用，并为可持续发展和管理实践提供了一些理论和指导。

（三）三种韧性的比较

工程韧性假定系统具有单一的平衡稳定状态。当系统由于外部冲击而脱离初始平衡状态时，工程韧性的目标是使系统恢复到冲击前的状态，使其结构和功能不发生改变［见表 1.3 和图 1.2（a）］。工程韧性侧重于系统对冲击的抵抗力和恢复到初始平衡状态的速度。系统的韧性越强，受冲击影响越小，恢复时间越短。然而，在区域经济系统中，工程韧性所强调的系统处于单一的平衡状态就难以实现了。区域经济系统的结构和功能随时间的推移而不断变化，区域经济系统不可能完全恢复到受影响前的状态，因此，工程韧性在经济系统中的应用存在局限性。

表 1.3　三种韧性的比较

类型	定义	基本功能	适用范围	平衡状态
工程韧性	系统在受到干扰后恢复到干扰前初始状态的能力	恢复到初始平衡状态	物理系统	单一平衡
生态韧性	系统在受到干扰后恢复原有平衡状态或跨越临界点进入另一平衡状态的能力	创造新的平衡状态，强调缓冲能力	生态系统	多重平衡
进化韧性	系统不断调整其结构和组成要素，不断利用其能力来适应长期的外部环境变化并维持发展	不断调整，强调学习和创新	经济体系	放弃平衡，持续动态演化

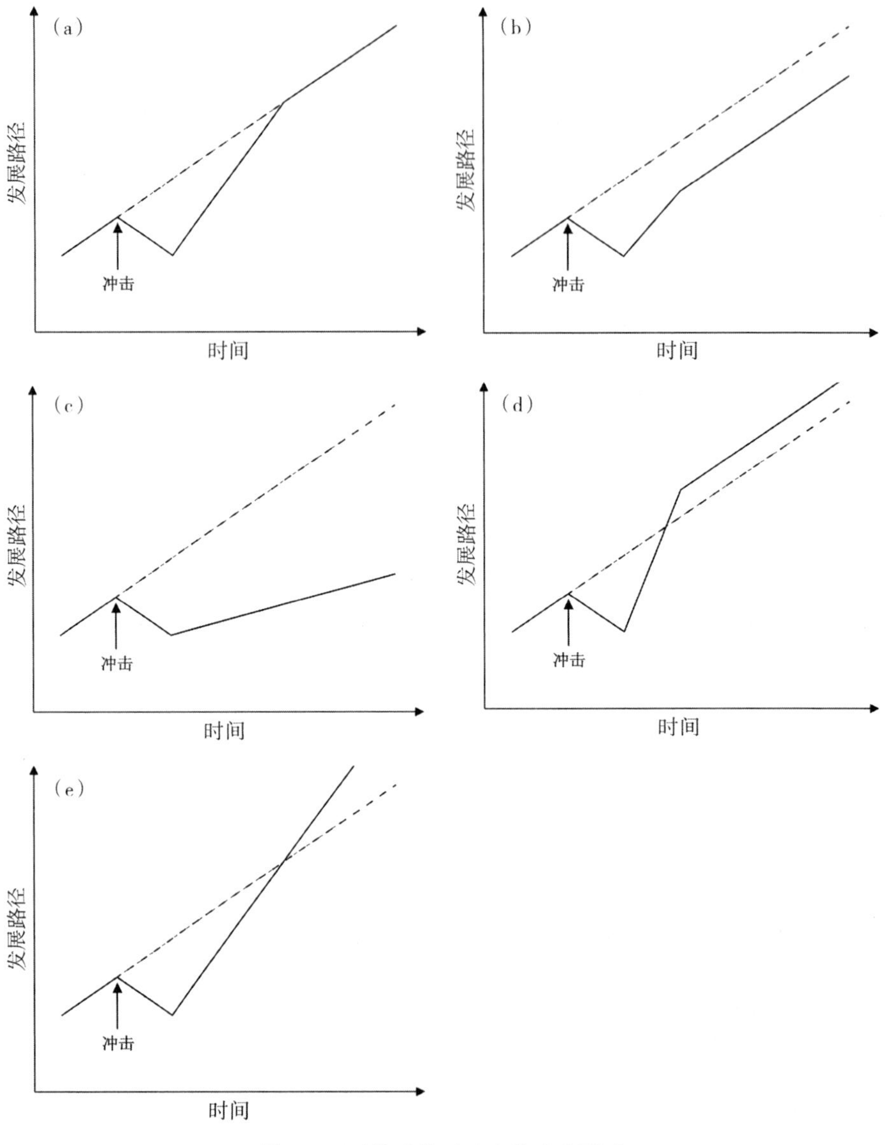

图 1.2　区域系统对冲击的响应形式

生态韧性认为系统存在多个平衡状态，即冲击干扰可导致系统从一个平衡状态转变为另一个平衡状态。生态韧性用于测量系统在改变其结构和功能达到另一个平衡状态之前吸收最大冲击的能力。当系统受到的冲击超过其最大承受阈值时，系统将进入另一种平衡状态，该状态可能低于原始状态［见

图 1.2 (b)]。此外，一些韧性较低的系统可能无法适应冲击带来的变化，系统会进入衰退状态［见图 1.2 (c)]。有一些韧性好的系统也有可能好于原来的状态［见图 1.2 (d)]。例如，当一个区域经济系统能够吸引其他区域的劳动力和资本流入，出现了新的生产活动，并促进了持续创新，该区域经济系统将保持增长状态［见图 1.2 (e)]。总体而言，生态韧性的应用更为全面，但它仍未摆脱系统从一种平衡状态发展到另一种平衡状态的观点。这种观点对于社会经济系统可能并不适用，因为社会经济系统是不断演化的，而且系统的演化依赖于各种经济实体的学习、创新和调整行为。因此，生态韧性的概念在经济系统中的应用仍存在局限性。越来越多的学者从动态演化的角度来分析区域经济韧性问题。

进化韧性最早应用于行为心理学领域，用于描述个体在受到压力、创伤和其他干扰后保持或迅速恢复心理健康的适应能力。后来进化韧性被引入区域经济学领域。从进化的角度看，韧性被认为是一个持续的演化过程，而非是恢复到单一稳定的平衡状态。进化韧性强调一个系统通过不断调整其经济、社会和政治结构来适应频繁的冲击和干扰，从而实现长期发展的能力。进化韧性的理念更加关注系统的向前演化和恢复能力。通常来讲，进化韧性强调了危机对现有发展路径的破坏以及新的发展路径的创造，其彻底摒弃了均衡理论的思想。进化韧性理论强调系统的动态、非均衡演化特征，同时强调系统的学习能力，这一观点得到了学术界的广泛认可。

三、区域经济韧性

经济韧性是指经济系统在面对外部冲击、变化和不确定因素时保持稳定、适应变化和迅速恢复的能力。经济韧性涉及经济系统的抵御、适应和转型，以及在受到冲击后实现可持续增长的能力。经济韧性强调抵御风险、管理不确定性和在变化中寻求机遇，以确保经济的健康、稳定和可持续发展。

根据经济韧性、工程韧性、生态韧性和进化韧性的内涵特征，本研究认为区域经济韧性侧重于经济系统的动态调整过程，经济韧性要求系统不仅要具备复原和适应的能力，同时还要具备创新和转型的能力。区域经济韧性包括四种关键能力：经济系统对风险冲击的抵御能力、风险中的恢复能力、冲击后的调整能力以及转型能力。鉴于实际应用中抵御能力和恢复能力具有显著的重复性，本研究将二者合并为抵御和恢复能力。

（一）区域经济韧性理论

在区域经济韧性理论研究中，Semmie 和 Martin 提出韧性是一个非线性动态的变化过程，并探讨了区域经济韧性的发展机制。他们指出，区域经济系统将经历四个不同阶段，即重组、发展、保存和释放。每个阶段都包含三个属性，即潜力、连通性和韧性，用以描述区域经济系统在面对冲击时维持发展并进一步提高发展活力的能力（见图 1.3）。区域经济韧性的演化呈现出两种不同的路径：一种是经历发展到保存的收益递增阶段，走向崛起、稳定增长的路径；另一种是经历释放到重组的衰退或转型阶段，经历僵化、衰退、重构的过程。

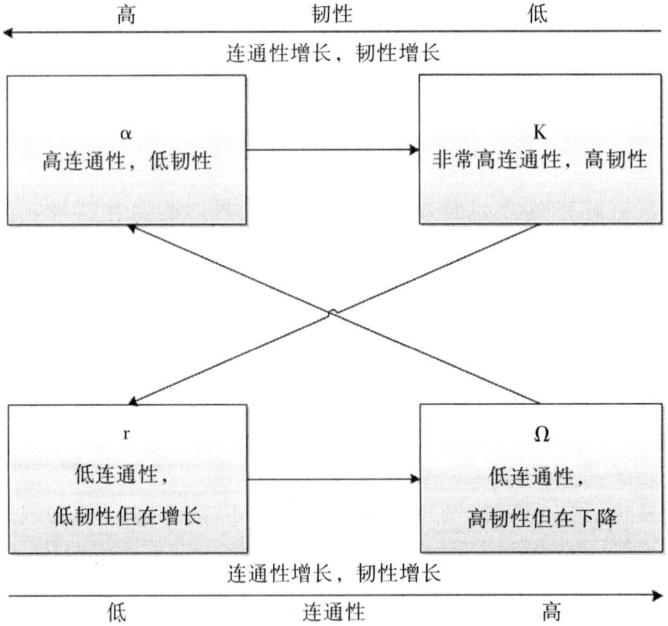

图 1.3　进化路径图

面对外部干扰和冲击，区域经济韧性反映了区域发展的不同趋势。其演化轨迹分为三种：（1）通过短暂调整，能够迅速恢复到冲击前的稳定状态，并保持原有的增长速度。（2）冲击后难以恢复到原有的稳定状态，与原路径逐渐背离，结构和功能不断下滑。（3）冲击后，区域经济体系能够快速调整结构和功能，跨越原有发展路径，进入新的快速发展状态。这种冲击也被看作促使区域创新发展的机遇。旅游经济是区域经济的一部分，在区域经济中发挥着重要作用。因此，将区域经济韧性引入旅游经济韧性研究，在理论上提供了借鉴和参考。

（二）区域一体化理论

以经济一体化为基础的发展模式称为区域一体化。在这一模式下，自由化和专业化的分工受到极大的鼓励，不仅能提高区域总体的经济效益，而且对各成员的就业和经济增长也有极为有利的影响。事实上，相邻或相近的几个省级行政区通常被划分为一个区域，而区域内的省级行政区在经济建设、文化建设等方面呈现出不同的发展水平。一体化的出发点并非追求区域同质化，将所有成员变为完全相同的个体，而是在求同存异的基础上加强合作，逐步缩小省级行政区之间的发展差距，最终达到促进区域协调发展的目标。Manfredi 提出，通过加强区域之间的联系网络以及每个区域和区域内部的功能网络，可以提高整个区域的韧性。一方面，区域一体化理论为区域韧性的研究提供了理论基础；另一方面，区域一体化理论为区域协调发展提供了理论框架。在区域一体化理论背景下，区域经济韧性不仅要考虑区域自身的抗风险水平，还需考虑区域内各成员的协调发展。

（三）多元化理论

经济结构的多元化是影响区域经济抗冲击和干扰的一个关键因素，直接影响着区域经济韧性。一些观点认为，经济结构的多元化能够有效分散冲击的影响，对冲击扰动起到缓冲作用。经济结构的多元化有助于将冲击分散到不同的产业中，使受冲击较小的产业能够继续发展。有学者指出，区域经济结构多元化较高的地区在受到冲击时影响较小，且更容易从冲击中恢复。

Matin 认为，在经济结构多元化的情况下，区域经济应对冲击的表现取决于产业部门之间的关联程度。当产业关联度较高时，一个或几个产业部门的衰退可能会波及整个区域的大部分产业，从而对区域经济发展产生较大的负面影响，即高度专业化的区域经济更容易受到冲击的影响。在这些经济关联度较高的地区存在进入锁定状态的风险，其创新能力较差，拓展新道路的能力相对较弱。当某一产业遭受冲击时，区域经济难以有效分散冲击，导致多个产业受到严重冲击，削弱了该区域对冲击的抵抗力和韧性。这种局面使得区域经济难以有效地减轻冲击的影响，从而可能陷入长期衰退的轨迹。传统的多元化理论在描述区域经济体系对冲击和干扰的抵抗或维持能力时存在一定的局限性，因为它忽视了区域经济适应和演化过程的重要性。

关于专业化和多元化的讨论焦点集中于适应性和调整性的区别。适应性通常用于描述系统经历长期发展过程，现有的发展路径和主要功能通过适度的变化得以维持；调整性通常用于描述系统的调整能力，注重系统新路径的创造和结构变化。Grabher 指出，适应性能够提高专业化程度，强化区域内部联系。若对现有结构进行更新，就可能丧失适应性，因为适应性主要取决于系统不受限制的能力，而区域内部联系薄弱时，可能导致多元化和发展路径的不可预测性。适应性注重推进系统的专业化，提升经济效益；而调整性则强调系统的创造能力，增强经济结构的多元性。在区域经济体系中，适应性和调整性无法完全分割。区域经济既需考虑专业化，以提升经济效益，又需考虑多元化，以提高系统的创新能力，开拓新的发展路径。多元化理论旨在解释区域经济系统各组成部分之间的联系。多元化理论强调与技术相关的不同产业在空间上的集聚，认为多元化不仅能够确保区域经济系统中各产业在相关知识领域的高度关联，使得各产业能够进行充分的技术交流，同时还能保证不同知识领域的技术得以相互结合，有利于知识的产出和外溢，有望形成区域经济体系新的发展路径。多元化理论同时兼顾适应性、专业化和多元化，在保持自身适应性的同时，保障了区域经济的稳定和发展。当发生危机时，多元化程度高的地区会通过主动适应和调整，找到新的发展途径，因此多元化程度高的地区具有更高的经济韧性。

（四）区域经济韧性研究综述

自韧性理论提出以来，Adger 将韧性理论引入社会领域，并对社会韧性给予了高度关注。自此，韧性的研究中心开始向人类社会领域转移。作为社会韧性的一种表现，经济韧性旨在更合理地解释区域经济在受到冲击后的恢复能力。经济学家引入韧性概念，用来研究一个经济体抵御经济衰退的能力，拉开了经济韧性研究的序幕。值得注意的是，自 2000 年以来，研究人员对经济韧性的关注度越来越高，这是因为区域经济更容易受到外部冲击的影响，因此有必要保护区域经济免受干扰。

作为第一位将韧性引入经济领域的学者，Reggiani 分析了韧性在区域经济面对挑战和冲击时的重要性，并将经济韧性定义为应对外部不确定性影响的能力，即经济体系保持结构稳定并恢复到冲击前平衡状态的能力。Reggiani 的观点受到了许多学者的批评，因为其受到了工程韧性和生态韧性的影响。在此背景下，秉承非均衡动态演化思维，一些学者认为区域经济韧性的发展是一个持续动态演化的过程。Martin 等提出了路径依赖的概念，并分析了区域经济演化过程及其对经济发展的影响。然后，Martin 从进化论的角度解释了韧性的复杂性，以改善经济格局的非均衡发展和适应性转变。同时，Martin 还构建了经济地理学的分析框架。在前人研究的基础上，Martin 重新思考了区域经济的路径依赖问题，强调要突破“锁定”概念，认为需要考虑经济系统的演化过程。Martin 认为，区域经济韧性是指区域经济系统通过产业、机构、资源、技术等要素的重组，创造新的增长路径或更新发展方式，以减少冲击和干扰带来的影响的能力。Bristow 认为，应将韧性纳入区域发展战略。当经济体遭受危机时，政府应转变区域经济发展观念，提高区域经济适应能力。Hudson 研究了在高度不确定的环境中区域经济韧性的现实意义，深入分析了区域经济的适应性和应对策略。Hill 等研究了外部冲击对区域经济的影响，深入探讨了区域经济的适应性和韧性。在受到冲击影响时，一些区域经济能在较短时间内恢复，而另一些则不能。Sutton 和 Arku 使用系统的方法研究区域经济韧性，强调考虑经济系统中的各种要素及其相互作用，从整体角度分析区域经济的适应力和韧性。

总体而言，区域经济韧性概念的提出相对较晚，目前仍处于理论探索的阶段，但其引起了学者们的广泛关注。尽管区域经济韧性的理论方法尚未完备，但其对于解释区域经济体系应对内外部冲击时的转型和适应性差异具有重要意义。

四、旅游经济韧性

旅游经济韧性是指旅游经济应对压力和冲击时恢复增长路径的能力。旅游经济韧性的提高有助于减少外部冲击的不利影响，使旅游业增强环境适应能力。

旅游经济韧性作为区域经济韧性的组成部分，有着较为复杂的内涵。旅游业作为一种关联度高、经济要素多元的综合性行业，其经济韧性的涵盖面更为广泛。通常，旅游经济韧性用于描述旅游经济系统在面对冲击时的经济恢复和适应能力，可以用来描绘旅游经济系统应对各种危机干扰时的短期复苏和长期发展过程。旅游经济韧性是区域旅游经济应对内外部冲击时的关键指标，包括抵抗与恢复、适应与调整、创新与转型等方面。因此，它也是衡量旅游经济高质量发展的重要标准。

旅游业已成为全球经济中最具实力和规模的产业之一，也是劳动密集型产业之一，直接或间接地带动了全球范围内的大规模就业。然而，不确定的外部冲击将导致旅游业发展放缓，如 COVID-19 的暴发，使全球旅游业陷入停滞状态，大量人员失业，就业率急剧下降，可持续发展进程受阻。从 20 世纪 90 年代中期开始，韧性概念逐渐被人们所接受，随着全球环境变化和可持续发展理念的不断发展，韧性概念也被引入旅游领域。

在旅游韧性理论研究方面，Cochrane 将韧性概念应用于旅游领域，通过对亚洲旅游业的研究，建立了旅游韧性域模型，揭示了韧性的作用和快速恢复机制。Becken 采用稳定景观模型，论述了韧性在分析气候对社会生态系统的影响方面的重要性，利用新西兰皇后镇和瓦纳卡旅游目的地的原始数据，构建了旅游目的地韧性框架，并开发了指标来描述韧性的影响因素。Jopp 等研究了旅游业对气候变化的适应性，以澳大利亚维多利亚州的旅游目的地为研究对象，通过利用区域旅游韧性分析框架，评估了该旅游目的地的脆弱性和韧性。Lew 讨论了在旅游领域中韧性对可持续发展的作用，将韧性应用于旅游社区发展，并提出了旅游韧性模型。目前，关于旅游危机管理和旅游韧性的研究，学术界已取得不错的成果，但是较少有研究将两者综合起来分析旅游目的地的韧性，尚未有研究提出系统的研究思路和方法。一些学者对旅游韧性进行了系统梳理。邓萌等提出了基于多维视角和动态特征的旅游韧性循环框架。郭嘉欣等以韧性理论为基础，梳理了韧性的总体研究思路，构建了适合城市旅游目的地的韧性模型。

除上述研究外，学者们普遍将韧性理论与旅游地、旅游社区、旅游环境、旅游产业发展、旅游经济等内容相结合，从不同角度探讨旅游业如何提高抵御风险的能力。其中，对旅游目的地和旅游社区的韧性研究居多，对旅游经济的韧性研究相对较少。

在旅游目的地韧性方面，Prayag 等提出旅游研究者应将研究重点从危机管理转向韧性研究，并提出研究旅游目的地韧性的必要性。Filimonau 和 De Coteau 评估了旅游目的地的韧性，他们发现旅游业利益相关者缺乏有效措施来提高组织韧性，并提出将灾害管理纳入旅游目的地管理计划，可以增强旅游目的地的韧性。Wang 等对韧性进行了全面回顾，提出旅游目的地的韧性是指旅游目的地抵御、适应和恢复的能力。Chan 等对 2018 年日本北海道 Toizuri 地震的 15 位受访者进行了深度访谈，揭示了当地旅游业利益相关者在灾害管理过程中对韧性的看法。

在旅游社区韧性方面，Orchiston 通过调查位于新西兰南阿尔卑斯山地震高发区的旅游企业的灾害规划情况，为依靠旅游业的社区提出了一种灾害规划方法，并强调社区主导灾害规划的重要性。Sheppard 和 Williams 以加拿大不列颠哥伦比亚省惠斯勒度假小镇为案例，研究了旅游社区应对冲击和压力的韧性因素。研究发现，个人层面上的情感、身体和心理健康以及认知和行为能力等因素可以影响旅游社区的整体韧性。King 等认为，印度尼西亚主要关注旅游业的发展，却忽视了旅游社区的生计资本，使社区更容易受到冲击的影响，对旅游企业及其所处的社会生态系统的韧性提出了挑战。研究还提出旅游业应该被重新规划，增强社会生态系统的韧性。郭永锐等对旅游韧性进行了全面综述，包括研究缘起、理论框架、影响因素、测度方法等，采用结构方程模型方法，以九寨沟和都江堰旅游社区为例，探讨了旅游目的地韧性影响因素的作用机制。冯凌等构建了适合城市旅游目的地的旅游经济韧性模型，提出了旅游目的地韧性及其时空动态分析的研究方法。

在旅游经济韧性方面，学术界侧重于旅游业在整个区域经济韧性中的作用，并将旅游业视为经济复苏的重要手段。Cochrane 解释了斯里兰卡旅游业在海啸后的韧性，以及意大利旅游业在国民经济“大衰退”中的韧性。Cellini 和 Cuccia 分析了意大利旅游业在“大衰退”期间供求关系的重大变化，重点关注不同旅游目的地和住宿业之间的韧性差异。Pasquinelli 通过计算意大利旅游业的经济韧性指数，对韧性与地区结构特征和战略的关系进行了分析。Dogru 等探讨了气候变化下的旅游业的脆弱性和韧性，发现脆弱性远大于韧性。Cheng 和 Zhang 构建了经济韧性指数，考察了汶川地震后旅游经济的恢复情况，并研究了旅游业对经济韧性的影响。Okafor 等利用 113 个国家的数据，研究了一个国家的韧性和旅游业规模与应对新冠疫情的经济政策之间的联系。研究结果表明：旅游业规模大的国家利用经济刺激可以减轻新冠疫情对旅游业的影响；韧性强的国家，其旅游业能够更好地应对新冠疫情带来的破坏性挑战，需要的政府援助也就较少。

一些学者构建了旅游经济韧性综合指标体系，对不同研究区域进行测度和分析。王新越等对全国旅游经济韧性进行了测度，并对其时空分布进行了探讨。熊书华等对新疆、山东等地区的旅游经济韧性进行了实证研究。王兆峰等对黄河流域、环长株潭城市群、长三角地区旅游经济韧性进行了分析。在指标体系上，多采用综合指标法，而不是单一核心指标。王倩等从抵御能力、恢复能力、重构能力和更新能力四个维度综合衡量地区的经济韧性。

五、旅游经济高质量发展

习近平总书记在 2015 年党的十八届五中全会上就提出了“创新、协调、绿色、开放、共享”的发展理念。习近平总书记强调，中国经济发展正迈入新时代，由高速增长阶段转向高质量发展阶段。为推动高质量发展，必须始终坚持将发展置于首位、将人才视为首要资源、将创新视为主要动力。旅游业作为中国经济实现高质量发展的支柱性产业，受到了越来越多学者的关注。从实践来看，中国旅游经济的发展质量仍存在较多问题，其中最突出的问题是发展的非均衡性。自新发展理念提出以来，国内学者开展了广泛研究和探讨。从研究角度看，大致可分为两类：一类是以定性分析为主，深入解读和阐述新发展理念的内涵、特征及其逻辑关系；另一类是通过构建指标体系，运用定量方法对区域经济社会发展情况进行测度与评价分析。

（一）旅游经济高质量发展理论

中国社会的主要矛盾已经转化为人民日益增长的美好生活需要和不平衡不充分的发展之间的矛盾。这一重要判断，对旅游业的发展提出了新要求，带来了新机遇。在宏观层面上，彭淑贞等从马克思再生产理论的生产、分配、交换和消费四个环节的内在逻辑关系出发，从强化供给侧改革、构建多元化主体利益分配机制、主动融入双循环战略、加强需求侧改革等四个方面提出新时代乡村旅游高质量发展的对策与建议。舒伯阳等以新时代“创新、协调、绿色、开放、共享”的新发展理念为指导，提炼出乡村旅游高质量发展的核心思想，包括生态基础、智慧转型、文化赋能和产业优化。于法稳等运用生态经济协调发展理论对乡村旅游高质量发展进行理论阐释，凝练了乡村旅游高质量发展的概念和内涵特征，并从发展规划的整体性与科学性、资源可持续、产业融合、人才队伍建设、旅游产品和服务、保障措施等六方面甄别出实现乡村旅游高质量发展的关键问题。张洪昌采用新制度主义理论系统解析了新时代旅游治理的制度逻辑，具体表现为单一制度逻辑向多重制度逻辑演进、旅游行业治理向社会化治理转型、简单制度环境向复杂制度环境变迁、非正式制度与正式制度并举，剖析了旅游高质量发展在体制机制、资源配置、市场秩序和品牌质量等方面的实践困境。在微观层面，马波等借鉴奥地利学派的价格形成理论，从旅游者利益最大化视角出发，利用收入弹性、价格弹性、交叉弹性等工具，对旅游性价比展开动态分析。张海霞等探讨了特许经营作为一种生态旅游高质量发展的商业模式的实践应用。

（二）旅游经济高质量发展测度

旅游经济韧性测度通常包括核心指标法和综合指标法。核心指标法通常用旅游业从业人数、旅游收入衡量旅游经济韧性。综合指标法通常采用多维度指标体系，运用综合评价法测算韧性指数。新发展理念是旅游经济高质量发展的评价标准。孙晓等在研究旅游经济高质量发展时，将新发展理念融入其中，形成了创新、协调、绿色、开放、共享五个方面的评价指标体系。肖黎明等从环境要素、经济要素和民生要素三个方面出发，构建了乡村旅游高质量发展的指标体系。杜岩等选取旅游经济基础、旅游市场潜力、旅游资源禀赋、自然环境本底、基础设施建设五个层面 17 项指标测量乡村旅游高质量发展水平。王兆峰等构建了涵盖产业转型、产业运行与产业共享三个维度的旅游高质量发展理论框架，借助泰尔指数、重心模型与变异系数固定效应回归等方法，探析了环长株潭城市群旅游高质量发展的时空特征及影响因素。刘雨婧从旅游产品服务、经济活力、创新发展、绿色发展、协调发展及共享发展等维度，构建了能够体现新发展理念的旅游业发展评价体系。旅游效率是衡量旅游高质量发展的重要指标，田红等以旅游效率作为旅游高质量发展的核心指标，采用三阶段 DEA 模型对山东省、江苏省的旅游生态效率进行定量分析与评价。

（三）旅游经济高质量发展因素

资源禀赋、基础设施、要素结构、科学技术等因素对旅游经济高质量发展有着重要影响。谭志喜将旅游业与工业进行对比，分别从资源的形成与组成、资源在产业中的作用与地位以及资源产品市场交易方式与贸易等方面逐层分析，得出旅游资源“福音”论的观点。明庆忠等的研究表明，基础设施对旅游高质量发展具有非线性影响，并存在空间溢出效应。刘英基等认为，探讨旅游业的高质量发展时，需要考虑到多个方面的因素，包括要素结构的变动、制度环境的改变以及这两者之间相互作用的影响。他们指出，这种要素结构与制度环境的变化与互动是促进旅游经济高质量发展的关键。一些学者分析了科技创新和信息技术赋能旅游经济高质量发展的内在逻辑和动力机制。此外，旅游标准化建设也是促进旅游经济高质量发展的重要因素。

第四节　研究框架

随着全球环境的不断变化，了解区域旅游业抵御外部冲击的能力及其对旅游经济高质量发展的影响至关重要。通过衡量旅游经济韧性，可以为政府和行业提供有效的危机应对策略。同时，揭示旅游经济韧性对旅游经济高质量发展的影响，有助于保障区域旅游业的稳定增长。

本研究旨在评估中国省际旅游经济韧性，探索其在不断变化的环境中的动态演变。通过测量区域旅游经济高质量发展指标，揭示旅游韧性与旅游经济高质量发展之间的关系。这将有助于制定更有效的战略，增强旅游业的韧性，促进旅游经济高质量发展。

本研究的理论基础涵盖韧性理论、经济韧性理论和可持续发展理论等。韧性理论为衡量旅游经济韧性提供了框架。经济韧性理论为分析旅游经济韧性的影响因素和发展路径提供了指导。可持续发展理论有助于探讨旅游经济高质量发展与环境、社会之间的关系。

本研究采用定量方法全面分析中国旅游经济韧性及其影响因素，以及韧性与旅游经济高质量发展之间的关系。本书结构如下：

第一章，绪论。涵盖研究背景、研究意义、研究理论和研究框架。主要对韧性相关概念和理论进行阐述。

第二章，旅游经济韧性与旅游经济高质量发展指标。重点阐述旅游经济韧性测度方法和指标体系，构建旅游经济高质量发展指标。

第三章，旅游经济韧性测度及其动态演进。运用核密度和马尔可夫链对旅游经济韧性空间分布进行探索。

第四章，旅游经济韧性与旅游经济高质量协调发展分析。使用耦合模型对旅游经济韧性与旅游经济高质量发展进行耦合分析，并使用空间计量模型对两者的协调发展进行收敛性评价。

第五章，韧性视角下促进旅游经济高质量发展的政策建议。

第二章　旅游经济韧性和旅游经济高质量发展指标

第一节　旅游经济韧性测度方法和指标

一、旅游经济韧性测度方法

科学、合理地评估区域旅游经济韧性是一项极为关键的工作。旅游经济韧性是指旅游经济系统在面对外部冲击、变化和不确定性时的适应性和韧性。旅游经济韧性测度的目的是帮助政策制定者和利益相关者更好地应对突发事件、市场变化等外部因素带来的挑战。

目前，旅游经济韧性的测度方法主要分为核心变量法和综合评价法两类。核心变量法是通过选择对经济变化敏感的核心变量，根据受到外部冲击时这些变量的变动情况进行评估。综合评价法是指通过构建多维度的指标体系来评估旅游经济韧性。由于旅游经济韧性的特性，采用单一指标难以充分描述旅游经济的相关特征。综合评价法能够更全面地反映旅游经济的多维性，使韧性测度结果更加科学可靠。

应用核心变量法时，一般会选用某个重要的经济指标（如 GDP 增长率、就业率等），通过观察其在受到冲击扰动时的变化，揭示区域旅游经济的韧性。Reggiani 以西德 11 个产业为研究对象，利用每个产业的就业数据，运用李雅普诺夫指数法对各个产业的韧性进行评估，以确定哪些产业能有效地应对外部冲击。Martin 从区域经济出发，对韧性进行了评估。Davies 以金融危机后三年内世界各国（地区）为研究对象，选取失业人数作为评估标准，对地区韧性进行了分析。Brakman 等使用就业率和地区 GDP 的变化率来测度经济韧性。Yicheol 和 Goetz 使用 2008 年前后美国的就业人数对冲击前后的经济韧性进行评估，并运用复合增长率评估金融危机后各区域的韧性。Sensier 等根据空间尺度对区域进行了划分，选择失业率和人均 GDP 作为研究指标，从城市化的角度探讨了经济冲击对欧盟国家的影响，分析了不同国家在冲击影响程度和复苏速度方面的差异。Bergeijk 等对 2008 年经济危机期间各国的外贸数据进行了分析，以评估不同国家的经济复苏能力。吴小妮等借鉴 Martin 的敏感性指数法，使用 GDP 增速测度各省域经济韧性指数。康佳奇等使用接待过夜游客人次评价旅游经济韧性，评价危机冲击下的海南省旅游经济韧性。朱琳选择 GDP 作为评价指标，构建中国省域经济韧性测度模型。王欢芳等选取 GDP 增长率对经济韧性水平进行测度。

Di Caro 以意大利的 17 个大区为案例，选取各大区的就业率和全国失业率为指标，运用平滑预测回归模型来度量该地区的经济韧性。Östh 等利用福斯特韧性指数和马丁韧性就业指数等指标，研究了瑞典和荷兰受冲击后的韧性，分析了两地在经济衰退后韧性的差异。Faggian 等将意大利划分为数百个经济体，并选择失业率来测度经济韧性，研究发现，工业体系和人口规模在地区经济韧性中发挥着根本性作用。Noy 和 Yonson 创立了灾害指数来评估灾害的严重程度，通过使用 GDP 增长值、人均 GDP、人类发展指数、贫困率和就业率等多项指标，对社会系统的韧性进行了综合评估。Martin 和 Gardiner 使用英国城市数据集，对经历四次重大经济冲击的 85 个城市的韧性进行了详细分析。在核心变量法的研究中，大多数学者采用就业率和 GDP 这两项指标来度量经济韧性。

值得注意的是，正如 Martin 所说，韧性是一个动态演变的过程。经济韧性并不是指单一的抗干扰能力，而是指经济系统在受到干扰后的一系列能力，包括抵御冲击的能力、恢复初始平衡的能力、适应环境的能力和突破困境的能力，具体表现为抵御、适应、调整和转型。使用GDP或就业数据等单一指标来测度地区经济韧性，可以有效地衡量地区受冲击后的影响，但不能全面反映一个地区的经济韧性水平，因此，综合评价法成为区域经济韧性测量的不错选择。采用综合评价法测度区域经济韧性，能够更加全面、综合地反映区域经济韧性水平，这种方法也得到了更多学者的青睐。

Martin提出了地区经济抵御衰退冲击的四个方面，即抵御、恢复、调整和转型。他通过对抵御、恢复、调整和转型四个方面进行全面评估，展开了经济韧性的研究。Briguglio认为，一国的经济韧性取决于自身抵抗力和外部政策引导，构建了包括经济稳定、市场效率、经济治理和社会发展四个方面的经济韧性评价指标体系。Graziano和Rizzi从经济、社会和环境三个方面构建了评价指标体系，通过主成分分析法对意大利经济韧性进行了综合评估。于海超等基于进化论的观点，构建了一个全面评估框架，用六个维度即经济、对外开放、环境保护、社会进步、自然和创新，对区域经济的韧性进行了全面评估。Bruneckiene等制定了一个评估框架，从地区政府能力、地区创新能力、学习能力、合作能力、基础设施能力以及地区洞察能力等六个维度出发，对立陶宛10个地区的经济韧性进行了测定。邵晓明将经济韧性理论与社会能力理论相结合，构建了基于社会能力的经济韧性分析框架，并从抵抗力和韧性两个维度分析了云南省经济韧性的演化。黄晓明等以中国58个主要旅游城市为研究对象，从敏感性和适应性两个方面构建了综合评价指标体系，对中国主要旅游城市的旅游经济韧性进行了评价。Li从抗御力和韧性两个维度出发，分析了黄河流域2008年经济危机后经济韧性的动态变化。Cheng等从保持、恢复、重建、更新四个维度构建了综合评价指标体系，对中国滨海旅游经济进行分析。周明等从抵抗力、恢复力和进化力三个方面建立了省域经济韧性的综合评价指标体系。李慧媛等从城市冲击反应、修复力、新增长能力三个维度中选取12项指标，构建了长三角城市群各城市的经济韧性综合评价指标体系。陈雪钧等运用文献扎根分析法系统构建了包括抵御能力、恢复能力、重构能力、更新能力4个核心范畴、11个主范畴和24个概念范畴的旅游经济韧性综合评价指标体系。蔡咏梅等从风险指数、稳定指数、流通指数和创新指数四个维度综合测度区域经济韧性，构建了可拓正态云模型，对中国31个省级行政区2008—2019年的经济韧性进行实证分析。何志浩等从抵御恢复能力、适应调整能力和创新转型能力3个维度构建城市群经济韧性综合评价指标体系，采用熵值法测度2009—2019年中国11个城市群的经济韧性。

总体而言，目前关于区域经济韧性的测度研究主要集中在测度区域面对短期冲击时的韧性，忽视了长期扰动下区域经济韧性的变化。本研究认为，有必要深化对韧性的认识，通过定量方法，综合考虑旅游经济的不同维度，科学测度区域旅游经济韧性。当区域旅游经济受到冲击影响时，综合考虑短期和长期冲击，通过适应性周期模型分析区域旅游经济韧性的长期变化过程。

二、旅游经济韧性指标

经济韧性是由多种因素共同驱动的。在分析影响旅游经济韧性的因素时，有必要综合考虑多个方面。

韧性是指区域系统抵御外部冲击、转向区域持续发展，或通过结构调整进入更优化路径的能力。Martin将区域经济韧性定义为区域经济系统抵御外部冲击、减轻冲击影响、恢复冲击前的发展路径或过渡到新的发展路径的能力。目前，还没有统一的旅游经济韧性评价模型。现有的旅游经济韧性评估维度包括稳定性、敏感性、适应性、抵抗性、恢复性、重建性和更新性。这些评估方法主要考虑外部突发事件的演变过程，而忽视了对外部突发事件长期累积效应的评估。Martin提出了由抵抗、恢复、调整和转型四个维度组成的经济韧性分析框架，在韧性研究领域得到了一定认可。由于抵抗和恢复之间具有很强的相关性，很难在数据层面将它们区分开来，因此，本研究以抗御与恢复能力、适应与调整能力以及创新与转型能力等为基础，构建了旅游经济韧性评价指标体系。将外部突发事件的影响和对系统的长期影响纳入评价指标体系，提高了旅游经济韧性测度的科学性和准确性。

根据蔡旭等的观点，本研究采用旅游资源丰度、旅游经济发展、地方经济发展、旅游设施等指标来衡量旅游经济的抵抗与恢复能力。这些指标主要用于评估旅游经济系统在受到风险干扰后抵御风险并恢复到理想状态的能力。借鉴 Chacon-Hurtado 等的研究成果，本研究采用人力资源和旅游调整能力等指标来衡量旅游经济在面临冲击时的适应与调整能力。借鉴 Waldt 等的研究，本研究采用人才储备和技术储备等指标来衡量旅游经济体系在危机中的创新与转型能力。

旅游资源禀赋、旅游经济发展水平、地方经济发展水平和旅游基础设施建设决定了旅游业的抵抗与恢复能力。旅游资源禀赋是旅游业发展的基础，影响着旅游业的发展水平和旅游产品的品质。旅游经济发展水平取决于旅游规模和市场份额，分别以国内外旅游收入和旅游业占 GDP 的比重来衡量。地方经济发展为旅游业发展提供支撑，地方经济发展水平以人均消费支出、产业结构和第三产业比重来衡量。旅游基础设施建设也是直接影响旅游业发展的重要因素，以道路网络密度、旅行社和星级酒店为指标。

适应与调整能力由人力资源储备和旅游调节能力共同构成。旅游人力资源以旅游业从业人数和第三产业从业人数来衡量。旅游调节能力是指旅游业受到外部冲击时政府的宏观调控能力，用财政自给水平和财政支出总量来衡量。

创新与转型能力主要取决于高科技人才储备和科技创新能力，使用教育支出占 GDP 的比重、每万人在校大学生数来衡量高科技人才储备，使用科研产出水平和科研投入水平两个指标来衡量科技创新能力。

（一）抵抗与恢复能力

充足的旅游资源对旅游经济韧性至关重要。旅游资源对区域的综合发展、灾害管理和经济韧性都有重要影响。蔡旭认为，旅游资源禀赋是城市旅游业发展的重要基础，丰富的旅游资源能增强旅游业的吸引力，吸引更多游客前往旅游目的地旅行，尤其是在危机时期对旅游业恢复具有明显优势。因此，旅游资源的质量和数量往往会影响旅游目的地的综合发展。Chan 等发现，旅游资源在灾害管理过程中发挥着重要作用，其有助于吸引游客、创造就业机会和重塑区域旅游形象，从而帮助旅游目的地实现复苏。杨晓明等发现，受到旅游资源等因素制约的城市群往往表现出较低的韧性，导致受到冲击后旅游业很难迅速复苏。旅游业复苏需要加强旅游景点规划和建设，开发更为丰富的旅游资源，创造更多的旅游就业机会，提高旅游业竞争力和服务质量。

一般而言，宏观经济形势是影响地区经济韧性的关键因素。旅游收入直接反映了旅游业的发展状况，对拉动经济增长起着关键作用。旅游业比重的变化会直接影响区域旅游经济结构的多元化和应对外部冲击的能力。Yang 等以中国甘肃省的 14 个城市为例，用旅游收入来衡量 14 个城市的旅游经济韧性水平。庞晓东等采用旅游总收入研究珠江三角洲城市群旅游、经济、环境系统之间的韧性耦合协调关系。Wang 等以长江经济带为例，采用旅游总收入来评估旅游产业韧性，衡量长江经济带旅游经济抵御外部冲击的能力。Zhang 认为，旅游产业结构对旅游经济的抵御能力至关重要。旅游产业比重是指旅游产业产值在整体经济中的份额，旅游产业比重直接影响整体经济的结构和稳定性，因为它直接关系到一个地区经济结构的多元化和对外部冲击的反应能力。

居民消费能力、产业结构多元化以及第三产业的发展对旅游经济韧性有着重要的影响。居民消费能力反映区域经济活力。产业结构多元化有利于提高区域经济韧性。服务业为增强经济韧性发挥着缓冲作用。Zhang 等认为，经济活力是区域旅游经济运行状态的直接体现，居民可支配收入可以代表区域经济的内在活力，而居民消费水平往往对区域经济的发展和恢复起着关键作用。在产业结构方面，现有研究集中在讨论产业结构多元化还是专业化更有利于增强区域经济韧性。学术界普遍赞同多元化的经济结构更有利于区域经济韧性的提升。学者们通常使用赫芬达尔-赫希曼指数来衡量产业结构的集中度，集中度越高，代表产业结构越专业化。多元化的产业结构可以起到区域经济“减震器”的作用，防止某一产业的冲击影响整个区域系统；而专业化的产业结构则更容易受到冲击，导致冲击迅速扩散到其他产业，从而削弱区域经济应对冲击的韧性。就产业构成而言，人们普遍认为第三产业在区域经济发展中发挥着重要作用。第一产业和第二产业比重高的地区在危机期间的经济韧性较差。相比之下，第三产业比重高的地区对冲击的抵御能力更强。Navarro-Espigares 发现，西班牙在 1992 年和 2008 年的经济危机中，服务业规模较大的地区受危机的影响较小。服务密集型地区表现出更强的韧性，在经济危机爆发时，这些地区的经济衰退程度要轻得多，因为服务业在危机的早期阶段起到了缓冲作用。Du 和其他学者发现，珠江三角洲从制造业经济向服务业经济转型，增强了经济韧性，证实了服务业对区域经济韧性有着明显的促进作用。

旅游设施是指能够提供旅游产品和服务的旅游机构和相关基础设施，旅游设施能够提高旅游目的地的可进入性并提高旅游接待能力，对于促进旅游产业的复苏有着积极影响。旅游设施已被证明是提升旅游经济韧性的重要因素。Shi 等对澳大利亚入境旅游业的韧性进行了研究，认为旅游产品、服务和基础设施对促进澳大利亚旅游经济韧性有着重要的作用。Zhang 等分析了中国和 64 个“一带一路”共建国家的区域经济韧性，认为一个国家或地区的基础设施水平是区域经济韧性的重要影响因素之一。当一个国家面临危机和灾害时，通过发达且高效运行的交通设施能够及时提供帮助，为危机和灾害发生后的区域经济复苏提供有力支持。Ibanescu 等分析了旅游目的地的可达性如何影响旅游业的恢复。研究发现，较高的交通可达性可以降低长途旅行的成本，鼓励人们前往更容易到达的目的地。交通可达性对区域旅游经济起到了催化剂的作用。交通可达性主要由道路网络质量进行衡量。交通基础设施的投资可使旅游目的地受益。此外，一些学者认为，旅游接待能力可以反映了一个地区应对突发事件的能力，因此，选取星级酒店数量和旅行社总数作为衡量旅游接待能力的指标。

（二）适应与调整能力

人力资源通常被认为是促进经济复苏的重要因素。人力资本是生产和经济增长的重要驱动力，也是知识外溢的源泉，有助于提高地方经济的适应与调整能力。Zhang 等将旅游就业人数比重作为衡量中国旅游经济韧性的指标之一，分析了危机期间旅游业就业人员比重对区域旅游经济韧性的影响。旅游业从业人员为提高国内市场消费能力提供了保障，提高了旅游经济的自我循环能力，是旅游业抵御风险和灾后恢复的关键指标。Zhang 等对中国和 64 个“一带一路”共建国家的区域经济韧性进行了研究，发现服务业从业人员比重在区域经济韧性中发挥着重要作用。服务业从业人员比重直接反映了区域经济发展的人力资源储备水平。一般来说，服务业从业人员比重越高，意味着总体人力储备越充足，区域经济韧性越强。

一般而言，旅游业往往需要稳定的宏观经济环境来保证其稳健发展。政府资本支出对促进旅游业发展具有积极影响，政府资本支出包括但不限于地方财政支出。政府的管理和调节能力对区域旅游经济的调整和恢复起着不可或缺的作用，是旅游经济快速发展的动力。杜晓明等利用多元回归模型研究了地方金融条件对省级经济韧性的影响。地方财政状况（通常使用地方政府一般预算收入与一般预算支出之比衡量）反映了政府对区域经济发展的支持程度。地方财政状况越好，财政自给自足水平越高，表明政府越有能力应对各种危机，避免区域经济遭受重大影响。Desdiani 等通过分析印度尼西亚政府的地方预算和财政能力数据，探析了政府对经济复苏的影响，并针对不同韧性的区域提出了应对措施。研究发现，地方政府在预算管理方面的应对措施不同，地方经济恢复的效果也不尽相同。Agyemang 研究利比里亚、塞拉利昂和加纳等西非国家的政府财政预算和支出政策时发现，这些政策在促进地方经济调整和复苏等方面发挥了至关重要的作用，为危机管理提供了重要的资金支持。

（三）创新与转型能力

丰富的教育资源和高素质人才不仅为区域经济发展提供了重要的智力支撑，而且增强了区域经济的创新与转型能力。人才储备影响着区域经济在危机中的创新与转型能力。教育投资又是影响区域人才储备水平的重要支撑条件。Zhang 等研究了中国及 64 个“一带一路”共建国家的区域经济韧性，发现拥有丰富教育资源的国家更有能力培养高素质人才，区域经济的创新与转型能力就越强。Yu 等以中国东北三省为研究对象，分析了创新能力对城市经济韧性的中介效应，研究发现创新能力会影响城市经济韧性，提高城市内部的可用人力资本有助于提高城市经济韧性。Giannakis 和 Bruggeman 使用受过高等教育的人口比例作为指标来衡量教育成效，发现教育水平是区域经济韧性的重要影响因素。王旭等使用每万人中大学生的数量来衡量人才储备情况，研究结果证实人力资本较高的经济体能够更好地抵御危机。

技术储备包括科研经费支出、专利授权数量等指标。技术储备可以帮助旅游业应对各种挑战，为旅游经济发展提供强有力的智力支持，对区域经济韧性起到了至关重要的作用。He 等认为，加大地方财政对科技的支持，可以提高技术吸纳和转化能力，促进创新要素聚集，从而提高区域经济韧性水平。科技创新支持一般用科研经费占 GDP 的比重来表示。科研经费占比越大，越有利于新产品和新技术的创新。Wang 和 Li 使用财政支出作为创新的衡量标准，研究结果表明，财政支出对区域创新具有正向的影响，较高的创新水平有助于增强区域经济韧性。Zhang 等认为，科技经费支出占 GDP 的比重代表了区域对科技创新的重视程度和投资能力。投资会带来科技产出，科技经费支出占 GDP 的比重可以作为区域旅游创新的投入指标，而专利授权量则可视为产出指标。科技创新产出越多，区域旅游经济韧性越强。Clark 等在研究创新能力与地区韧性之间的关系时发现，韧性低的地区往往专利申请水平也较低，拥有众多创新型企业的地区往往具有更高的经济韧性。Giannakis 和 Bruggeman 使用人均发明专利授权数量来表示区域创新能力，用来衡量区域创新效率。Du 等研究珠江三角洲经济韧性的影响因素时，发现专利授权量是影响区域经济韧性水平的重要因素。

表 2.1 旅游经济韧性评价指标体系

维度	准则层	指标	指标测量	单位	属性	指标解释
抵抗与恢复能力	旅游资源禀赋	旅游资源密度	旅游景点总数/行政区域面积	个/万平方千米	+	体现旅游资源的丰富性
	旅游经济发展	国内旅游收入	国内旅游收入	亿元	+	反映城市的国内旅游收入水平
		国际旅游收入	旅游外汇收入	万美元	+	反映城市的国际旅游收入水平
		旅游业所占比例	旅游总收入/GDP	%	+	反映城市的旅游经济水平
	地方经济发展	城镇居民人均消费支出	城镇居民人均消费支出	元/人	+	反映居民抵御风险的能力
		产业结构	赫芬达尔-赫希曼指数	—	—	反映城市产业结构的多元化水平
		第三产业比重	服务业增加值/GDP	%	+	
	旅游基础设施	路网密度	等级公路里程/行政区域面积	千米/平方千米	+	反映旅游接待能力水平
		旅行社总数	旅行社总数	个	+	
		星级酒店数量	星级酒店数量	个	+	
适应与调整能力	人力资源	旅游业就业人数	酒店、餐馆和旅行社雇员总数	万人	+	反映人力资本适应风险的能力
		第三产业雇员人数	第三产业雇员人数	万人	+	
	旅游调节能力	自筹资金水平	地方政府收入/地方政府支出	%	+	反映政府部署资源的能力
		财政支出	地区财政支出	百万元	+	反映政府政策支持的力度
创新与转型能力	人才储备	教育支出占 GDP 比重	教育支出/GDP	%	+	反映城市对教育的投资
		每万人中的大学生人数	学生人数/总人口	个/万人	+	反映城市的技术创新能力
	技术储备	科研投资水平	地区研究支出/GDP	%	+	反映城市在科研方面的投入
		科研成果水平	专利授权数/总人口	件/万人	+	反映城市的科研成果

第二节　旅游经济高质量发展指标

一、可持续发展

可持续性是旅游经济韧性的先决条件。联合国可持续发展议程明确定义了广泛而多元的可持续发展目标，旨在通过全球合作促进可持续发展，塑造更为繁荣、公正和环保的未来蓝图。该决议提及旅游业 3 次，直接影响着旅游业的政策制定。可持续发展目标已成为研究旅游业可持续发展的主要焦点。制定适当的评价指标被认为是评估可持续发展目标实现程度和衡量旅游业总体发展的不可或缺的一部分。尽管可持续旅游监测指标在评估旅游业发展方面发挥着重要作用，但很少有人将这些指标与可持续发展目标联系起来。旅游可持续性的评估通常依赖于可持续性目标，而不是根据旅游业实际需要构建一套完备的监测指标。

可持续性指标是评估和监测可持续发展的有效工具。可持续性指标可以通过简化和汇总政策制定者的信息，同时传达利益相关群体的想法和价值观，从而帮助决策者做出更好的决策和进行更有效的行动。1992 年，在里约热内卢召开的联合国环境与发展大会通过了可持续发展 21 世纪议程，制定并推广了可持续性指标。自 1992 年以来，学术界对可持续发展指标的制定开展了大量研究，制定了指标框架的各种计划、项目和应用。然而，直到 21 世纪初，这些研究都完全集中在自然环境和经济增长之间的相互作用上。在旅游研究中，许多学者认为合理的指标对识别和监测旅游业可持续发展至关重要。与此同时，旅游业的可持续性指标可以评估旅游业本身的可持续发展，已经得到了广泛的认可，这又推动了可持续旅游的理论发展和重新界定，一些学者甚至认为不存在可持续旅游的概念，而是应该根据旅游业的潜力来考虑旅游业对可持续发展的贡献。

可持续旅游的指标可以是主观的（即测量感知或态度），也可以是客观的

（即测量物理现实的某个方面）。正如联合国世界旅游组织所指出的：可持续性指标并不总是可量化的，而且可能必然有些主观。主观指标通常是指居民或游客的态度、体验、感知和满意度；而客观指标是对经济、自然、社会或现实的衡量，未经感知过滤且独立于个人评价。常见的客观指标包括就业率、能源效率、清洁饮用水的使用、生物多样性保护、犯罪率等。主观指标和客观指标在旅游可持续发展方面都有应用，但更多学者偏向于客观指标，因为人们普遍认为客观指标更为严格和科学。

众所周知，指标体系的制定既复杂又重要。制定旅游可持续指标有两条主要途径：科学方法和政策制定者方法。前者认为可持续性是一个复杂的主题，需要科学的评估方法；而后者则由政策制定者根据当地条件设置。与通过科学方法制定的旅游可持续指标不同，政策制定者制定的旅游可持续发展指标往往容易出现利益冲突。制定可持续旅游指标既要考虑旅游核心指标，又要考虑当地旅游业实际情况。

世界旅游组织的旅游目的地可持续发展指标和欧洲旅游指标体系是两个相对全面的指标清单，涉及可持续旅游目的地的管理、信息和监测方法。虽然旅游目的地可能有许多共同的核心指标，但其面临的可持续性问题和治理机制往往有所不同，因此需要针对旅游目的地的实际制定具体指标，还需要针对不同规模的旅游业制定既有联系又有区别的衡量指标，建立监测和评估机制，实现不同条件的旅游可持续发展精准评价。

二、旅游经济高质量发展指标

本研究借鉴新发展理念，基于创新、协调、绿色、开放、共享五个方面构建旅游经济高质量发展评价指标。创新发展主要考察旅游经济高质量发展的创新能力和潜力，包括创新驱动和人力资本两个方面 4 项指标；协调发展主要研究旅游经济高质量发展的内外部协调性，包括内部协调和外部协调两个方面 5 项指标；绿色发展分析旅游经济高质量发展带来的环境污染和环境承载力，涵盖污染状况和生态环境两个方面 4 项指标；开放发展主要考察经济对外开放度对旅游经济高质量发展的影响，包括经济开放和对外交流两个方面 4 项指标；共享发展主要考察旅游经济高质量发展带来的民生福祉和公共服务，涵盖公共服务和民生共享两个方面 6 项指标（具体指标见表 2.2）。

表 2.2　旅游经济高质量发展评价指标体系

一级指标	二级指标	三级指标	指标性质	指标说明
创新发展	创新驱动	R&D 研发费用	+	地方科技投入经费（万元）
		专利授权数	+	发明、实用新型和外观专利授权数（件）
	人力资本	高等学校数量	+	高等学校（机构）数量（家）
		高等学校在校生数量	+	高等学校（机构）在校生数量（人）
协调发展	外部因素	人均 GDP	+	人均 GDP（元）
		城镇化率	+	城镇人口/常住人口（%）
	内部因素	旅游产业比重	+	旅游总收入/第三产业总值（%）
		旅游产业增长率	+	旅游总收入环比增速（%）
		旅游产业集中度	−	旅游景区收入/旅游总收入（%）
绿色发展	污染状况	废水排放	−	旅游产业/GDP * 废水排放
		废气排放	−	细颗粒物年均浓度值（毫克/立方米）
	生态保护	人均绿化面积	+	绿化面积/总人口
		节能保护支出	+	节能保护支出（亿元）
		生活垃圾清运量	+	生活垃圾清运量（万吨）
开放发展	经济开放	进出口额	+	进出口额（亿美元）
		直接利用外资情况	+	直接利用外资/GDP（%）
	对外交流	旅游外汇收入比重	+	旅游外汇收入/旅游总收入（%）
		入境游客比重	+	入境游客数量/旅游总人数（%）
共享发展	公共服务	第三产业投资	+	第三产业固定资产投资额（亿元）
		公共服务支出	+	一般公共服务支出（亿元）
		客运周转量	+	航空、公路、铁路客运量合计（亿人千米）
	民生共享	旅游就业人数比重	+	旅游产业从业人数/总就业人口（%）
		文化演出场次	+	文化演出场次（场）
		旅游机构数量	+	景点、酒店、文化及娱乐设施数量（个）

（一）旅游创新发展

创新是旅游经济高质量发展的驱动力之一，它被定义为新产品的推出或现有产品的不同特性、生产过程中新技术的开发以及新资源的可用性。尽管创新在不同的领域都得到了广泛的讨论，但旅游业具有“服务”和“人力”的性质，对旅游业的创新研究还不成熟，许多概念和理论尚未得到充分探讨。传统上的创新与科学技术联系在一起，关于旅游创新的讨论主要集中在技术创新方面，这也被认为是解释创新最简单、最明显的方式。一些学者分析了互联网和其他信息通信技术与旅游业创新的关系。创新、效率与经济发展之间被证实有着正向关系。旅游企业可以通过引入新的信息通信技术来提高生产力，信息通信技术与能力建设和人力资源等因素直接影响企业的创新效率。一些学者从创新投入、创新产出和创新效益等角度评估旅游区域创新综合指数，研究表明旅游研发经费、旅游院校数量和旅游发明专利都是影响旅游创新的重要因素。

由于旅游业是劳动密集型产业，其发展离不开劳动力，特别是那些技术熟练的专业人员。大量研究表明，高素质劳动力对旅游业形成竞争优势是必要的。本研究利用高等学校（机构）在校生数量来评估旅游人力资源储备。

（二）旅游协调发展

旅游协调发展包括内部因素和外部因素。内部因素与外部因素的本质区别在于其是否直接参与旅游业的运行。交通运输等间接支持旅游业运行的因素，属于外部因素；酒店、旅行社等直接参与旅游业运行的因素，属于内部因素。

旅游业的发展受到外部因素的影响。随着区域经济发展和社会福利增长，旅游设施投资和居民可支配收入增加。本研究用人均 GDP 来衡量经济发展对旅游业的贡献程度。城市化对旅游业具有重大影响，它是不断扩张的城市的地理和经济的关键组成部分，也是国民经济中旅游业重新配置的关键组成部分。与此同时，城市作为商品和服务生产的焦点，为国民经济做出了重要的贡献。旅游业也不例外，因为旅游门户城市主要是中心的大城市。关于内部因素，中国文化和旅游部采用游客人数和旅游收入两个指标来衡量旅游市场规模。前者按照游客数量来计算，后者按照旅游业创造的价值来计算。本研究采用旅游收入的增长率来评估旅游市场的需求，使用旅游业的贡献度来衡量旅游业产业内部发展程度。一些文献指出，旅游业的高度集中会降低旅游业的积极影响并产生消极影响。本研究采用景区收入与旅游总收入的比率来衡量旅游集中度。

（三）旅游绿色发展

绿色发展已成为旅游可持续发展的重要理念和有效途径。有研究指出，旅游业在社会经济发展中发挥着重要作用。值得关注的是，旅游经济发展常伴随着环境污染。尽管旅游业为经济发展提供了助推力，但必须审慎应对旅游业发展带来的环境挑战，确保既实现经济增长，又维护自然生态平衡的可持续发展。

空气污染与旅游业发展之间的关系引起了学者们的广泛关注，两者之间存在相互作用：旅游目的地的空气污染会影响游客的决策，而游客在旅游目的地的消费行为则会反过来影响当地的空气质量。$PM_{2.5}$颗粒能长时间悬浮在空气中，其在空气中的浓度越高，空气污染越严重。$PM_{2.5}$浓度常用来表示空气污染程度。旅游产业不仅使用了大量的淡水，还将有污染物的水返回到环境中，从而改变了旅游目的地的环境质量。本研究选择$PM_{2.5}$浓度和废水排放量来衡量旅游目的地的环境污染状况。

旅游业与生态环境的和谐关系能够对旅游业的发展产生积极影响。一方面，游客偏爱环境质量较好的旅游目的地；另一方面，由于旅游目的地建设，破坏了该地区的环境质量。本研究选取人均绿化面积、节能保护支出、生活垃圾清运量3个指标来评价生态环境。

（四）旅游开放发展

双边贸易和旅游需求之间存在双向因果关系。双边贸易是一个国家旅游业的主要影响因素。首先，商务旅行是国际旅游的重要组成部分。其次，商业交易会带来一定规模的旅游流。最后，各国之间的贸易会增加基于个人消费兴趣的旅游行为。本研究选择进出口总额衡量国际贸易情况。

旅游业的发展需要资本、基础设施和营销网络的支持。资金支持对促进旅游业发展至关重要，特别是资本密集型旅游项目。跨国公司通过提供资金，支持国际机场、高速公路、酒店、旅行社、汽车租赁、餐馆和旅游景点等旅游基础设施建设，这将直接影响旅游经济高质量发展。本研究选择进出口总额和外商直接投资额衡量一个地区的开放程度。

旅游外汇收入和入境游客人次一直是衡量旅游开放程度的指标。旅游外汇收入直接体现一个地区接待外国游客所产生的经济价值。入境游客人次直接反映一个地区吸引境外游客的能力。

（五）旅游共享发展

一般来说，公共部门投资可以促进包含旅游业在内的区域经济增长。一个部门或一个地区的生产力可以通过增加公共资本投资、提高资源的生产率来提升。在许多发展中国家，公共部门在旅游业发展中的作用已不容忽视。公共部门不仅在立法和政策制定方面为旅游业发展做出积极贡献，在旅游业的投资和管理方面也有重要贡献。公共部门投资为旅游经济高质量发展提供了良好的环境和支持。本研究选择第三产业固定资产投资额表示公共部门投资。

公共支出是指用于提供商品、服务和福利的支出，对经济增长有促进作用。从理论层面看，凯恩斯主义认为，政府支出对经济增长产生积极影响，政府公共支出越多，扩张性财政政策带来的经济增长就越高。政府支出增加必然会增加全社会的总需求量，从而提高 GDP 水平。本研究使用公共服务支出作为刺激旅游经济增长的因素之一。

旅游业为社会创造了许多就业机会，拥有熟练和训练有素的人力资源是旅游业发展的关键因素，高素质员工是旅游经济高质量发展的必要条件。本研究选择旅游业就业人数比重表示旅游业创造的就业机会。

从经济学角度来看，旅游业具有直接效应、间接效应和诱导效应，并通过乘数效应对GDP和就业做出贡献。旅游业对服务业有直接贡献。旅游业的间接贡献是影响公共投资、私人投资和供应商采购。诱导效应是指旅游收入引发的连锁反应，如来源于旅游业的居民收入增加对食品、娱乐、服装和住房的消费产生了影响。除了经济影响之外，一些学者认为旅游业对环境和社会文化也存在影响，旅游业可以为社区居民提供更多的旅游商品和服务，丰富社区文化产品的供给。本研究使用文化演出场次和旅游机构数量来衡量旅游业发展带来的旅游商品和服务的供给。

本研究将旅游经济韧性与旅游经济高质量发展相结合，通过提高区域旅游经济韧性，可以全面加速旅游经济高质量发展，实现区域经济社会可持续发展。面对日新月异、日益复杂的外部环境，旅游业的敏感性、脆弱性正在加速显现。韧性作为衡量或描述旅游业应对冲击的重要属性，为旅游业更好地应对外部冲击提供了很好的研究视角。

第三章　旅游经济韧性测度及其动态演进

第一节　研究方法

目前，学术界对旅游经济韧性的评估方法主要包括两种：综合评价法和核心变量法。综合评价法，即通过建立多维度的指标体系，对旅游经济韧性进行全面评估。有学者从发展规模、经济增长和产业结构等角度建立了旅游经济韧性评价指标体系，使用综合评价法衡量旅游经济韧性。核心变量法，即通过挑选影响旅游经济韧性的核心变量，根据这些变量在受到外部冲击时的变动，对旅游经济韧性进行评估。例如，使用旅游业占 GDP 的比重、韧性指数等核心指标测算旅游经济韧性。综合评价法和核心变量法都致力于深入了解旅游经济韧性的表现，为制定相关政策和提升韧性水平提供了科学依据。鉴于旅游经济韧性的多维性，采用单一指标难以完整涵盖旅游经济的复杂特征。相较之下，综合评价法能够更全面地考虑各方面因素，真实反映旅游经济系统的多维性，由此得出的韧性测算结果更具科学性，为制定有效的发展策略以及提高系统韧性水平提供可靠的理论参考。因此，本研究选择综合评价法对旅游经济韧性进行评价。

一、熵值法

熵值是不确定性的一种度量。信息量越大，不确定性就越小，熵越小；信息量越小，不确定性越大，熵越大。利用熵值携带的信息进行权重计算，结合各项指标的变异程度，利用信息熵这个工具，可以计算出各项指标的权重，为多指标综合评价提供依据。设有 n 项评价指标，形成原始指标数据矩阵。当某一指标的数值差异较大时，说明该指标对系统产生显著的影响，即该指标包含的信息量大。信息量的增加意味着熵的减少，因此熵可以用来度量信息量的大小。通过对所有指标差异的综合分析，可辨识在系统中对整体性能影响最显著的因素，有助于精准评估系统的特征和优劣。具体的计算公式如下：

$$P_{ij} = X_{ij} / \sum_{i=1}^{m} X_{ij}$$

$$e_j = -k \sum_{i=1}^{m} P_{ij}$$

$$g_j = 1 - e_j$$

$$W_j = \frac{g_i}{\sum_{j}^{n} g_i} = \frac{1 - e_j}{\sum_{j=1}^{n} (1 - e_j)} (j = 1,2,3,\cdots,n)$$

式中：P_{ij} 为指标 X_{ij} 的比重；e_j 为第 j 项指标的熵值；g_j 为第 j 项指标的差异性系数，g_j 值越大，指标 X_j 在综合评价中的重要性就越强；W_j 为指标 X_j 的权重。

二、空间演进方法

一般而言，旅游经济韧性的时空演变是指旅游经济系统在不同地区和不同时期对外部冲击和变化的适应能力。值得注意的是，不同地区在区位条件、经济基础、政策支持等方面存在差异，导致旅游经济韧性的表现完全不同，因此，旅游经济韧性可能会表现出明显的区域差异。旅游经济韧性的空间差异可能会进一步加剧旅游经济高质量发展的不平衡，因此，研究旅游经济韧性的时空演变非常必要。

经济发展具有内在的复杂性，现有学者从不同维度对经济韧性的空间差异进行了研究。例如，Giannakis 和 Bruggeman 通过比较希腊农村和城市地区的经济韧性，发现农村地区比城市地区表现出更强的韧性。Wang 和 Wei 对中国 30 个省级行政区的经济韧性进行了研究，发现北京、广东和上海表现出较高的经济韧性，而新疆和内蒙古等地区的经济韧性较低。Du 等研究珠江三角洲城市的经济韧性，发现核心城市的经济韧性较高，而外围城市的经济韧性较低。Hu 等发现，东北地区的经济韧性高于全国平均水平，但大多数城市抵御冲击的能力较弱；与小城市相比，大城市表现出更大的脆弱性。Cheng 等认为，西部地区的城市经济韧性最高，其次是中部地区和东北地区，东部地区最低。

已有的研究证实经济韧性存在显著差异，但学术界对经济韧性的空间动态演变缺乏深入分析。面对外部冲击，探索区域旅游经济韧性的时空分异特征，了解旅游经济韧性的演变趋势，对于制定有针对性的战略、增强旅游经济韧性、推动旅游经济高质量发展，促进可持续发展有着重要的理论和现实意义。

关于空间差异研究方法，学者们通常采用基尼系数、泰尔指数、核密度估计、探索性空间数据分析、莫兰指数、回归分析和马尔可夫链等来研究旅游经济韧性的时空差异，这些方法为本研究奠定了坚实的理论基础，但这些方法都存在不同程度的局限性。

（一）核密度估计

核密度估计是一种根据所有样本数据的位置生成平滑的经验概率密度函数的方法。这种概率密度函数估计似乎更能代表连续变量的真实概率密度函数。核密度估计是由 Rosenblatt 和 Parzen 在半个多世纪前发明的。关于核密度估计的大量研究表明，良好的核密度估计在实际应用中非常有用。学者们对核密度及其应用进行了全面的评述，详细讨论了有关核权重的假设、估计器的特性，并讨论了如何选择估计值的平滑性。

随着计算机技术的发展，核密度估计在统计分析领域得到了广泛应用。

作为一种非参数估计方法，其与参数估计方法相比具有显著优势。例如，不需要对数据进行分布假设，也不需要关于变量分布的先验知识。此外，核密度估计在旅游空间分布和地区差异方面也有广泛应用。例如，Wang 等使用近邻距离法、多距离聚类法和核密度估计研究了景区的分布模式及其与自然和社会经济因素的关系。Zhu 等利用平均近邻指数和核密度估计，从整体、分类和层次等多个角度探讨了区域文化旅游资源的空间分布特征，强调了其对文化旅游产业可持续发展的重要意义。此外，Zhu 等运用熵值法、Dagum 基尼系数、核密度估计和空间杜宾模型，建立了中国沿海城市旅游产业发展评价指标体系，研究了中国沿海城市旅游发展的区域差异、动态演化和驱动因素。

综上所述，核密度估计作为一种常用的空间异质性分析方法，能够有效分析旅游经济韧性的空间差异。此外，跨时间跨度的静态核密度估计和同时考虑时空效应的动态核密度估计的应用，有利于对旅游经济韧性时空效应的探索。

1. 传统核密度函数

核密度函数凭借其灵活性和适应性，在研究旅游经济韧性的动态分布方面得到了广泛应用。核密度函数是一种通过捕捉变化趋势来深刻理解韧性的时空演变的有力工具。核密度函数公式如下：

$$f(x)=\frac{1}{Nh}\sum_{i=1}^{N}K\left(\frac{X_i-x}{h}\right)$$

式中：$f(x)$ 代表随机变量 X 的密度函数；X_i 代表独立分布的旅游经济韧性样本观测值；x 代表均值；h 代表带宽；$K(\cdot)$ 为核函数。带宽的增大使得估计的密度函数曲线更加光滑，估计的精度相应降低；相反，带宽的减小导致曲线变得不光滑，但估计的精度提高。带宽的选择直接影响了核密度估计结果的可靠性和解释性。合理调整带宽是保持平衡的关键，以确保对韧性分布动态的准确捕捉。这个权衡过程在核密度估计中扮演着至关重要的角色，决定了估计结果的稳定性和可解释性。本研究采用高斯核密度函数估计评价旅游经济韧性的动态演进过程，具体计算公式如下；

$$K(x) = \frac{1}{\sqrt{2\pi}}\exp\left(-\frac{x^2}{2}\right)$$

2. 空间核密度函数

传统核密度估计能展示变量的分布形态，但对特定地区的时间序列变化具有局限性。相较而言，空间核密度函数作为推测随机过程中状态变化的概率密度函数，能够很好地通过动态的三维图和密度等高线图准确描述变化规律。因此，空间核密度估计适用于研究区域旅游经济韧性的时空变化。本研究采用高斯核密度函数进行随机核密度估计，以便更准确地分析旅游经济韧性的时空演变。核密度估计表达式为：

$$g(x \mid y) = \frac{f(x,y)}{f(x)}$$

式中：$f(x)$ 表示 x 的边际核密度函数；$f(x,y)$ 表示 x 与 y 的联合核密度函数，其表达式为：

$$f(x,y) = \frac{1}{Nh_x h_y}\sum_{i=1}^{N} K_x\left(\frac{X_i - x}{h_x}\right)K_y\left(\frac{X_i - x}{h_y}\right)$$

（二）马尔可夫链

马尔可夫链理论可追溯到20世纪初，由俄罗斯数学家安德烈·马尔可夫创建。许多学者对马尔可夫链进行了深入研究，并在许多领域实现了应用。Billingsley 在其论文《马尔可夫链中的统计方法》中讨论了马尔可夫链的应用范围。Schettini 等利用马尔可夫转移矩阵分析了制造业的效率。马尔可夫链的基本原理是构建马尔可夫转移矩阵，用来反映区域旅游经济韧性的内部动态演化情况。

1. 传统马尔可夫链

马尔可夫链是衡量旅游经济韧性水平的动态演进的有效方法。马尔可夫链是通过构建马尔可夫转移矩阵，来反映区域旅游经济韧性的动态演进特征。马尔可夫链是一个随机过程 $\{X(\alpha), \alpha \in A\}$，对所有时期 α 和所有可能发生的状态 j、i 以及 ik（$k=0$，1，…，$\alpha-2$），随机变量 X 在 α 时期所处状态 j 的概率仅仅取决于 X 在 $\alpha-1$ 时期的状态，与之前的状态无关。

$$P\{X_\alpha = j \mid X_{\alpha-1} = i, X_{\alpha-2} = i_{\alpha-2}, \cdots, X_{\alpha-2} = i_{\alpha-2}\}$$
$$= P\{X_\alpha = j \mid X_{\alpha-1} = i\} = P_{ij}$$

$$P_{ij} = \frac{n_{ij}}{n_i}$$

式中：P_{ij} 为某一省级行政区的旅游经济韧性从 α 时期的 i 类型转移到 $\alpha+1$ 时期的 j 类型的转移概率；n_i 为研究期内第 i 种旅游经济韧性状态所出现的总次数；n_{ij} 为旅游经济韧性由第 i 种状态转移到第 j 种状态所发生的次数。

2. 空间马尔可夫链

空间马尔可夫链可以分析区域旅游经济韧性的发展是否存在重叠趋势。马尔可夫链是空间规划中使用的定量模型之一，用于分析基于当前值的时间序列，预测未来序列值，而无须依赖所研究序列的历史数据。马尔可夫链是评估旅游经济韧性动态演变的有效方法之一。空间马尔可夫链引入“空间滞后”概念，用于深入研究相邻地区对于本地区旅游经济韧性状态转移的影响。空间马尔可夫链通过设定空间权重矩阵，将 $N\times N$ 的转移概率矩阵分解为 $N\times N\times N$ 的形式，探讨某一地区在 α 时期空间滞后类型为 N_i 的情况下，由 α 时期的类型 i 转移到 $\alpha+1$ 时期的类型 j 的概率。空间马尔可夫链揭示了旅游经济韧性动态演进的空间效应，拓宽了马尔可夫链的应用范围。

第二节 旅游经济韧性测度及其空间分布

一、旅游经济韧性测度结果

（一）韧性指标得分

本研究数据主要来源于《中国统计年鉴》《中国旅游统计年鉴》和国家统计局网站。在数据集中，如国内旅游收入等指标是通过直接检索获得的，而旅游资源密度等指标则是通过原始数据计算而得。对于某些指标某些年份的数据缺失，则通过线性插值或相邻年份平均等方法进行补充。

本研究使用熵值法对旅游经济韧性指标进行权重计算，权重大小依次是抵抗与恢复能力、创新与转型能力和适应与调整能力。抵抗与恢复能力是旅游经济韧性的核心指标，旅游经济是否具有抗冲击能力和恢复能力成为衡量旅游经济韧性的重要指标。由人才和技术储备组成的创新与转型能力是旅游经济转型发展的主要动力。适应与调整能力是旅游经济受到冲击时所具备的调整能力，主要取决于旅游业占各地区 GDP 的比重。表 3.1 为旅游经济韧性测度指标权重，从三级指标来看，国际旅游收入、旅游资源密度、科技产出水平、教育支出占 GDP 比重和国内旅游收入占据了前 5 位，说明旅游经济总量、资源禀赋和创新水平对旅游经济韧性有着重要的影响。

表 3.1　旅游经济韧性测度指标权重

一级指标	二级指标	三级指标	信息熵	权重
抵抗与恢复能力（55.99%）	旅游资源丰度（11.41%）	旅游资源密度	0.909 8	11.41%
	旅游经济发展指数（23.12%）	国内旅游收入	0.951 7	6.11%
		国际旅游收入	0.895 5	13.21%
		旅游产业比重	0.969 9	3.80%
	地方经济指数（7.26%）	城镇居民人均消费支出	0.970 2	3.76%
		产业结构	0.995 6	0.56%
		服务业比重	0.976 7	2.94%
	旅游设施指数（14.20%）	路网密度	0.964 8	4.45%
		旅行社总数	0.957 6	5.37%
		星级饭店数量	0.965 3	4.38%
适应与调整能力（17.33%）	人力资源（10.42%）	旅游业从业人数	0.956 2	5.54%
		服务业从业人口	0.961 4	4.88%
	旅游调整能力（6.91%）	财政自给水平	0.979 5	2.59%
		财政支出	0.965 9	4.32%

续表

一级指标	二级指标	三级指标	信息熵	权重
创新与转型能力(26.69%)	人才储备(9.84%)	教育支出占 GDP 比重	0.941 0	7.46%
		每万人大学生数量	0.981 2	2.38%
	技术储备(16.85%)	科研产出水平	0.914 7	10.79%
		科研投入水平	0.952 1	6.06%

(二) 旅游经济韧性结果

1. 一般特征

根据熵值法计算中国除港澳台地区以外的 31 个省级行政区旅游经济韧性得分和高质量得分。本研究将 31 个省级行政区分成东部、中部、西部和东北地区，2011—2020 年 4 个地区的旅游经济韧性得分均值如图 3.1 示。总体来看，随着时间的推移，除了 2015 年和 2020 年以外，2011 年后全国旅游经济韧性呈现上升趋势。东部地区旅游经济韧性从 0.27 上升至 0.41，说明良好的经济基础有利于提高旅游经济韧性。2020 年，新冠疫情袭击全国后，旅游经济韧性也受到了影响。

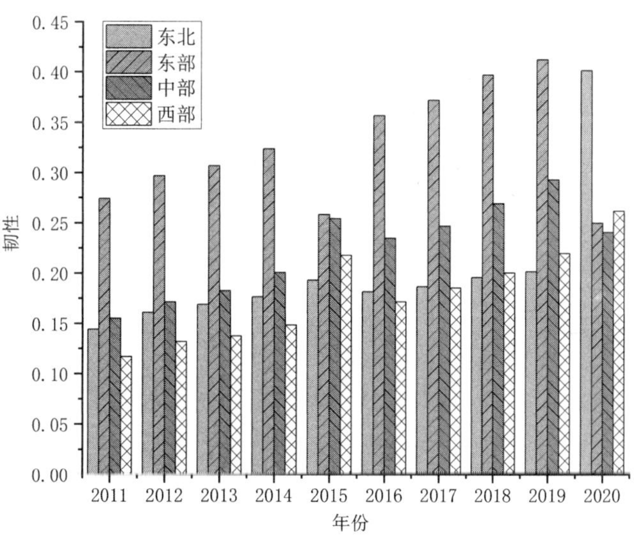

图 3.1 东部、中部、西部和东北地区旅游经济韧性得分均值

依据表 3.2 的计算结果，2011—2019 年各省级行政区旅游经济韧性总体上不断上升，2020 年受到新冠疫情的影响，大部分省级行政区旅游经济韧性有所下降。旅游经济韧性排在前 10 位的分别是广东、北京、上海、浙江、江苏、山东、天津、辽宁、安徽和福建，主要集中在东部地区（9 个）和东北地区（1 个）；而排在后 10 位的分别是广西、黑龙江、西藏、青海、甘肃、吉林、内蒙古、海南、新疆和宁夏，主要集中在西部地区（7 个）和东北地区（2 个）。从年均增速来看，旅游经济韧性在 2011—2020 年平均增速为 3.46%，呈现较为稳定的中速增长。年均增速排在前 10 位的分别是青海、黑龙江、重庆、福建、西藏、山西、辽宁、甘肃、贵州和广西，年均增速超过了 7.55%。

表 3.2　旅游经济韧性测度结果

行政区	2011 年	2012 年	2013 年	2014 年	2015 年	2016 年	2017 年	2018 年	2019 年	2020 年	均值
北京	0.407	0.413	0.43	0.456	0.175	0.482	0.506	0.549	0.554	0.148	0.412
天津	0.22	0.253	0.281	0.305	0.146	0.343	0.336	0.328	0.335	0.232	0.278
河北	0.146	0.162	0.171	0.185	0.407	0.216	0.235	0.255	0.272	0.186	0.224
上海	0.375	0.395	0.393	0.408	0.359	0.453	0.471	0.507	0.516	0.118	0.399
江苏	0.348	0.386	0.367	0.385	0.491	0.411	0.419	0.454	0.465	0.148	0.387
浙江	0.312	0.345	0.363	0.376	0.432	0.388	0.411	0.442	0.466	0.387	0.392
福建	0.167	0.19	0.199	0.211	0.138	0.247	0.264	0.261	0.279	0.457	0.241
山东	0.281	0.299	0.307	0.331	0.145	0.374	0.39	0.418	0.424	0.325	0.329
广东	0.37	0.399	0.427	0.446	0.183	0.514	0.547	0.601	0.629	0.275	0.439
海南	0.115	0.127	0.132	0.134	0.108	0.141	0.142	0.155	0.182	0.224	0.146
山西	0.131	0.15	0.169	0.17	0.483	0.185	0.193	0.213	0.225	0.228	0.215
安徽	0.188	0.211	0.222	0.236	0.207	0.289	0.301	0.321	0.349	0.278	0.26
江西	0.122	0.136	0.151	0.174	0.198	0.215	0.231	0.265	0.292	0.215	0.2
河南	0.167	0.179	0.187	0.196	0.199	0.236	0.251	0.276	0.3	0.287	0.228
湖北	0.165	0.181	0.192	0.22	0.2	0.25	0.264	0.28	0.298	0.196	0.225
湖南	0.158	0.172	0.175	0.208	0.239	0.234	0.241	0.261	0.295	0.24	0.222
内蒙古	0.107	0.114	0.126	0.134	0.152	0.145	0.156	0.161	0.173	0.245	0.151
广西	0.119	0.141	0.153	0.165	0.22	0.187	0.206	0.231	0.265	0.272	0.196

续表

行政区	2011 年	2012 年	2013 年	2014 年	2015 年	2016 年	2017 年	2018 年	2019 年	2020 年	均值
重庆	0.14	0.159	0.167	0.178	0.335	0.206	0.21	0.233	0.252	0.45	0.233
四川	0.147	0.166	0.178	0.191	0.404	0.229	0.247	0.274	0.31	0.154	0.23
贵州	0.128	0.144	0.152	0.164	0.182	0.201	0.224	0.253	0.286	0.308	0.204
云南	0.148	0.161	0.178	0.188	0.146	0.218	0.239	0.261	0.313	0.151	0.2
西藏	0.113	0.131	0.119	0.134	0.219	0.138	0.165	0.158	0.166	0.3	0.164
陕西	0.144	0.154	0.165	0.175	0.211	0.209	0.218	0.234	0.25	0.27	0.203
甘肃	0.095	0.109	0.114	0.122	0.22	0.152	0.159	0.17	0.18	0.205	0.153
青海	0.072	0.095	0.08	0.101	0.258	0.101	0.113	0.12	0.124	0.483	0.155
宁夏	0.081	0.086	0.092	0.099	0.119	0.125	0.138	0.151	0.151	0.151	0.119
新疆	0.108	0.121	0.125	0.133	0.148	0.151	0.151	0.161	0.169	0.152	0.142
辽宁	0.208	0.228	0.244	0.259	0.233	0.227	0.23	0.247	0.254	0.509	0.264
吉林	0.107	0.121	0.133	0.135	0.147	0.164	0.17	0.18	0.186	0.181	0.152
黑龙江	0.118	0.134	0.13	0.136	0.199	0.154	0.16	0.161	0.165	0.515	0.187

2. 时间序列特征

利用 2011—2020 年中国 31 个省级行政区的经济数据计算旅游经济韧性，结果如图 3.2 所示。根据旅游经济韧性计算结果，研究期内旅游经济韧性均值为 0.237 2。从图 3.2 可以看出，中国旅游经济韧性发展轨迹主要分为两个阶段：

2011—2019 年是快速发展时期。这一时期，中国倡导快速发展旅游经济，旅游业保持了较高的发展速度，旅游经济韧性和产业体量都有不同程度的改善。在此期间，中国文化和旅游部出台了关于进一步加强旅游市场监管、促进旅游业改革发展的指导意见，推动旅游业健康有序发展。2016 年，出台了《中共中央 国务院关于深化投融资体制改革的意见》，支持和引导社会资本加大对旅游业的投资力度。2018 年，出台了《国务院办公厅关于促进全域旅游发展的指导意见》，强调了全域旅游的概念、发展路径和政策措施，促进了旅游业全面提质增效。这一时期，整个旅游市场环境得到改善，旅游业迎来了健康有序发展。

2019—2020 年是调整适应期。2020 年，新冠疫情在全球蔓延，也给中国经济、社会和人民生活造成了严重影响。同时，疫情导致中国经济遭受重创，甚至出现经济衰退、失业率上升等问题。在疫情防控期间，一些旅游企业积极调整经营策略，加快线上服务和数字化转型步伐，推出了更多的线上旅游产品和服务。中国政府也出台了一系列支持旅游业复苏的政策，包括减免税费、提供贷款支持、发放旅游消费券等，以缓解旅游业面临的困难。受疫情影响，2020 年中国旅游业收入同比下降 52.1%。

分区域来看，4 个区域韧性得分存在较大差异，东部地区旅游经济韧性得分为 0.1～0.7，而西部、中部和东北地区韧性得分为 0.1～0.3，说明东部地区旅游经济韧性要优于中部、西部和东北地区。从地区差异来看，研究期内中国 4 个地区旅游经济韧性的非均衡性现象依然存在。

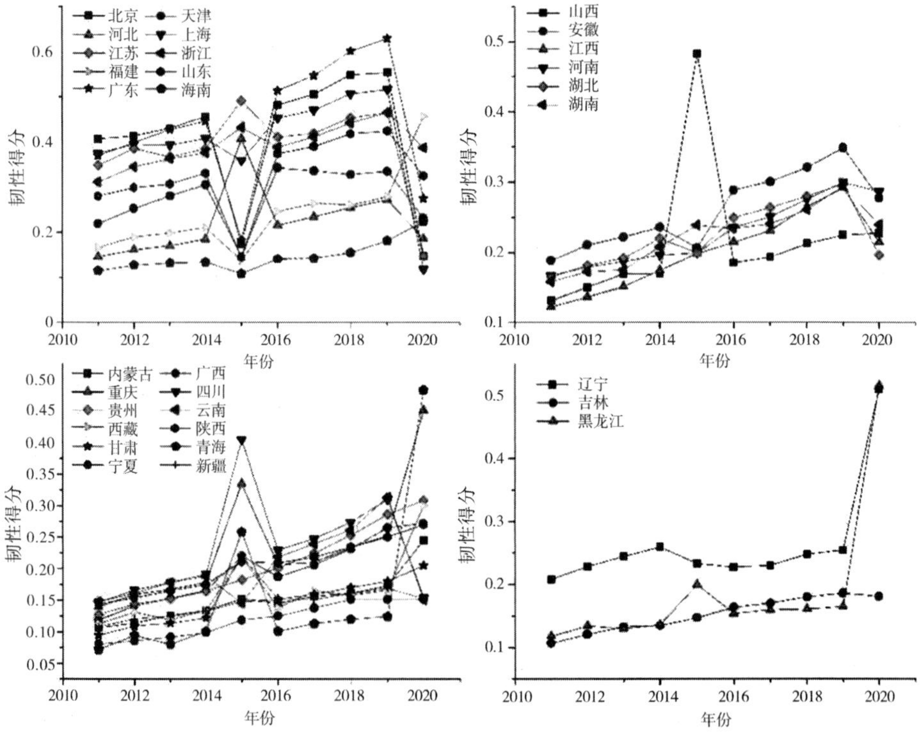

图 3.2　东部、中部、西部和东北地区旅游经济韧性得分

3. 各维度结果分析

如表 3.3 所示，从旅游经济韧性的具体维度来看，抵抗与恢复能力、适应与调整能力以及创新与转型能力得分排在首位的分别是广东、广东和北京，与旅游经济韧性排名不一致。如旅游经济韧性排在前三的上海，抵抗与恢复能力以及创新与转型能力得分排名靠前，但适应与调整能力则排名第九。旅游经济韧性排在后 3 位的海南、新疆和宁夏，在创新与转型能力维度上排名居中。从变异系数来看，旅游经济韧性均衡发展的有上海、天津、四川、山东和河北，主要集中在东部地区，而变异系数较大的有广西、湖北、浙江、江苏和广东，主要集中在西部和中部地区。可见，旅游经济韧性与各维度发展存在差异。因此，在制定旅游经济发展政策时，既要全局考虑旅游产业整体发展，又要考虑旅游产业链各个环节的均衡发展，在提高各维度能力的同时，提升各地区旅游经济韧性水平，实现旅游经济高质量发展。

表 3.3 旅游经济韧性各维度得分

省级行政区	抵御与恢复能力	排名	适应与调整能力	排名	创新与转型能力	排名	CV 值	排名
北京	0.261	3	0.072	6	0.136	1	1.376	11
天津	0.151	7	0.036	21	0.11	2	1.605	2
河北	0.078	22	0.064	10	0.062	8	1.506	5
上海	0.266	2	0.065	9	0.105	3	1.678	1
江苏	0.225	4	0.098	3	0.076	7	1.27	30
浙江	0.215	5	0.084	4	0.087	4	1.29	29
福建	0.127	10	0.055	14	0.04	19	1.38	10
山东	0.207	6	0.103	2	0.036	24	1.531	4
广东	0.278	1	0.126	1	0.077	6	0.939	31
海南	0.073	25	0.022	28	0.041	18	1.367	14
山西	0.096	21	0.038	20	0.035	25	1.361	26
安徽	0.139	8	0.059	11	0.06	9	1.367	15

续表

省级行政区	抵御与恢复能力	排名	适应与调整能力	排名	创新与转型能力	排名	CV值	排名
江西	0.101	19	0.045	16	0.049	13	1.365	21
河南	0.121	13	0.068	8	0.029	29	1.409	7
湖北	0.124	11	0.058	12	0.044	15	1.349	28
湖南	0.118	14	0.069	7	0.028	30	1.467	6
内蒙古	0.074	23	0.034	22	0.023	31	1.363	25
广西	0.103	17	0.04	18	0.034	26	1.359	27
重庆	0.107	16	0.039	19	0.039	21	1.366	18
四川	0.108	15	0.075	5	0.033	27	1.604	3
贵州	0.102	18	0.031	24	0.054	10	1.382	9
云南	0.122	12	0.052	15	0.03	28	1.366	16
西藏	0.043	30	0.004	31	0.086	5	1.365	23
陕西	0.1	20	0.043	17	0.043	16	1.365	19
甘肃	0.063	27	0.023	27	0.047	14	1.364	24
青海	0.035	31	0.007	30	0.051	12	1.366	17
宁夏	0.045	29	0.011	29	0.053	11	1.365	20
新疆	0.059	28	0.03	25	0.042	17	1.367	12
辽宁	0.13	9	0.057	13	0.038	22	1.383	8
吉林	0.073	24	0.026	26	0.04	20	1.365	22
黑龙江	0.065	26	0.033	23	0.038	23	1.367	13

二、旅游经济韧性空间分布

本研究将各省级行政区划分为4个类型：低于均值50%的为低水平类型，介于均值50%～100%的为中低水平类型，介于均值100%～150%的为中高水平类型，超过均值150%的为高水平类型。从统计结果来看，旅游经济韧性既没有出现明显的地区差异，也没有出现明显的集聚现象。2011—2020年，北京、上海、天津、江苏、浙江和上海升为高水平，吉林、黑龙江、海南、西藏、甘肃、青海、宁夏和新疆依然保持在中低水平。从各区域来看，各区域旅游经济韧性发展速度存在较大差异。东部地区起点较高，发展速度较慢；中部地区起点较低，发展速度快；东北地区和西部地区起点较低，发展速度较慢。综合来看，旅游经济韧性起点和速度存在不均衡，并未形成地区集聚现象。因此，在提升旅游经济韧性时，需建立长期有效的协调联动机制，协调地区间存在非均衡性。

第三节　旅游经济韧性动态演进

一、核密度估计

为研究旅游经济韧性的演进趋势，本研究运用传统核密度估计对旅游经济韧性的空间演进进行考察。设置3年的时间跨度，采用无条件核密度估计方法对各省级行政区旅游经济韧性的演进趋势进行分析，以揭示其内在的时空变化规律。随后，采用空间条件下的静态核密度估计研究了相邻省级行政区对本省级行政区旅游经济韧性的影响。最后，在考虑滞后期的基础上，采用空间条件下的动态核密度估计分析了带有滞后期动态的相邻省级行政区对本省级行政区旅游经济韧性的影响。

（一）传统的核密度估计

本研究选取2012年、2014年、2016年、2018年和2020年作为研究截面，对旅游经济韧性进行高斯核密度估计，得到传统核密度估计图。从图3.3中可以看出：第一，高斯核密度曲线随着时间推移向右移动，但是移动幅度较小，说明研究期内旅游经济韧性逐渐提升，但提升的效果不明显。第二，旅游经济韧性分布存在右拖尾的现象，且出现了主峰，说明旅游经济韧性在低水平地区产生了极化。高水平地区分布较为分散，说明研究期内中国大部分省级行政区旅游经济韧性都处于低水平和中低水平地区，如吉林、辽宁、内蒙古、海南、宁夏和新疆等省级行政区的旅游经济韧性常年低于全国平均水平。第三，5 个年份高斯核密度函数均出现了主峰和次峰，主峰集中在区间(0，0.355 8)，次峰集中在区间（0.355 8，0.629 0)，说明旅游经济韧性低水平和中低水平仍占据主要地位。第四，主峰随着时间推移由窄变宽，由高变低，次峰高度基本不变，说明旅游经济韧性逐渐由低水平向中低水平转变，由中高水平向高水平转变。

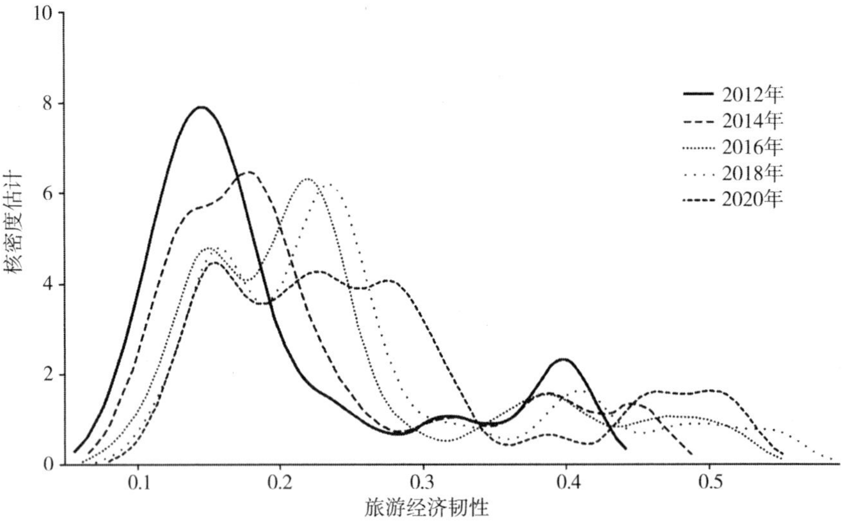

图 3.3　旅游经济韧性的传统核密度估计图

（二）无条件核密度估计

本研究通过制作旅游经济韧性的无条件核密度图和密度等高线图，以全面了解该时期内各省级行政区的动态演变趋势。在图 3.4 中，横轴（X）代表各省级行政区 a 年的旅游经济韧性，而纵轴（Y）则表示该省级行政区 $a+3$ 年的旅游经济韧性。垂直于 X-Y 平面的 Z 轴表示核密度。在密度等高线图中，越是内部的等高线，代表的概率越大，向外依次递减。等高线的密集程度代表省级行政区旅游经济韧性的收敛程度，等高线越密集，说明收敛趋势越明显。若整个图形集中在正 45°线上，表明该省级行政区在 $a+3$ 年的旅游经济韧性同 a 年相同，没有发生变化；若整个图形集中在 Y 轴某个值附近并且平行于 X 轴，则说明 $a+3$ 年所有省级行政区的旅游经济韧性都收敛于某一韧性水平。

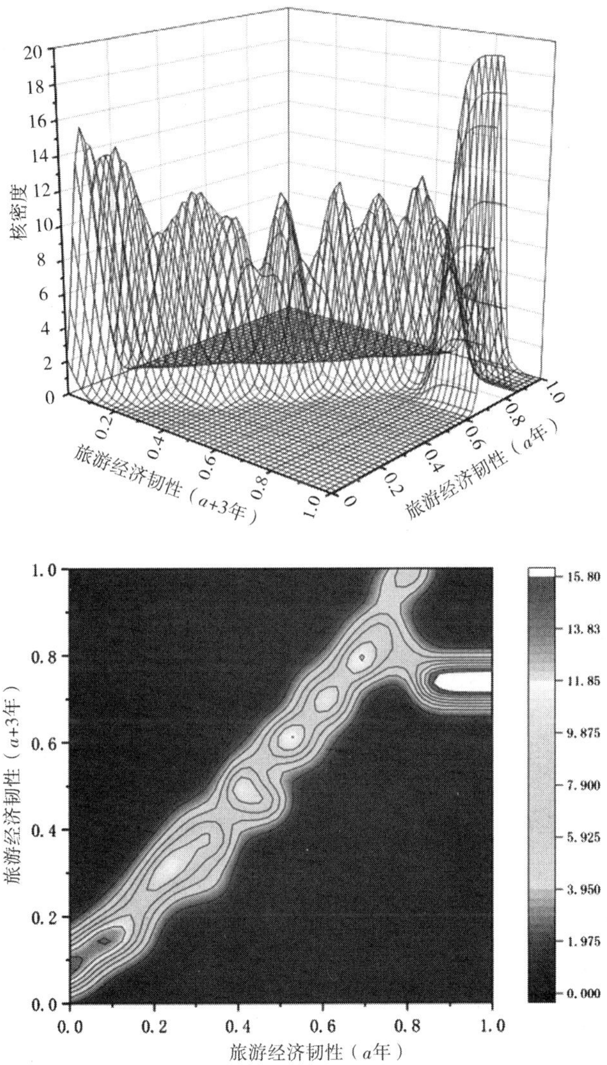

图 3.4　无条件核密度图及密度等高线

根据图 3.4 的结果，大部分图形集中在 45°对角线以上，并形成了多个波峰，说明各省级行政区 $a+3$ 年比 a 年的旅游经济韧性有所提升，并且有逐步形成了俱乐部收敛的可能，这与前文所提到的传统核密度估计的结果一致，随着时间推移，大部分省级行政区的旅游经济韧性有所提升。值得注意的是，在 45°对角线右下方出现了一个波峰，说明 $a+3$ 年有部分省级行政区的旅游经济韧性出现下降情况，且存在俱乐部收敛的可能。根据旅游经济韧性计算结果可知，2020 年受新冠疫情影响，中国大部分省级行政区旅游经济韧性都出现了下滑，这也刚好与 45°对角线右下方波峰相对应。随后，本研究对 a 年与 $a+5$ 年的旅游经济韧性进行了无条件核密度估计。通过对比 $a+3$ 年与 $a+5$ 年密度等高线的变动趋势可以看出，等高线整体向左上方平行移动，也形成多个波峰，说明旅游经济韧性相对稳定，呈现整体上升的趋势，但不明显。

（三）空间条件下静态核密度估计

为考察旅游经济韧性是否存在空间效应，本研究采用空间条件下的静态核密度估计来分析旅游经济韧性演进模式的收敛情况，即在无条件核密度估计的基础上，增加了空间邻接矩阵（相邻省级行政区为 1，不相邻省级行政区为 0），计算结果如图 3.5 所示。X 轴表示相邻省级行政区在 a 年的旅游经济韧性，而 Y 轴表示本省级行政区在 a 年的旅游经济韧性。如果存在明显的空间效应，即两个韧性高的省级行政区相邻，两个韧性低的省级行政区相邻，那么概率密度的分布应该集中在 45°对角线上并沿对角线分布。从图 3.5 可以看出，空间条件下静态核密度分布整体上沿着 45°对角线分布，说明在不考虑时间跨度的基础上，大部分省级行政区旅游经济韧性的提升有着明显的相似性，存在空间效应。45°对角线右下角出现一个峰值，说明少部分省级行政区的旅游经济韧性不存在空间效应。

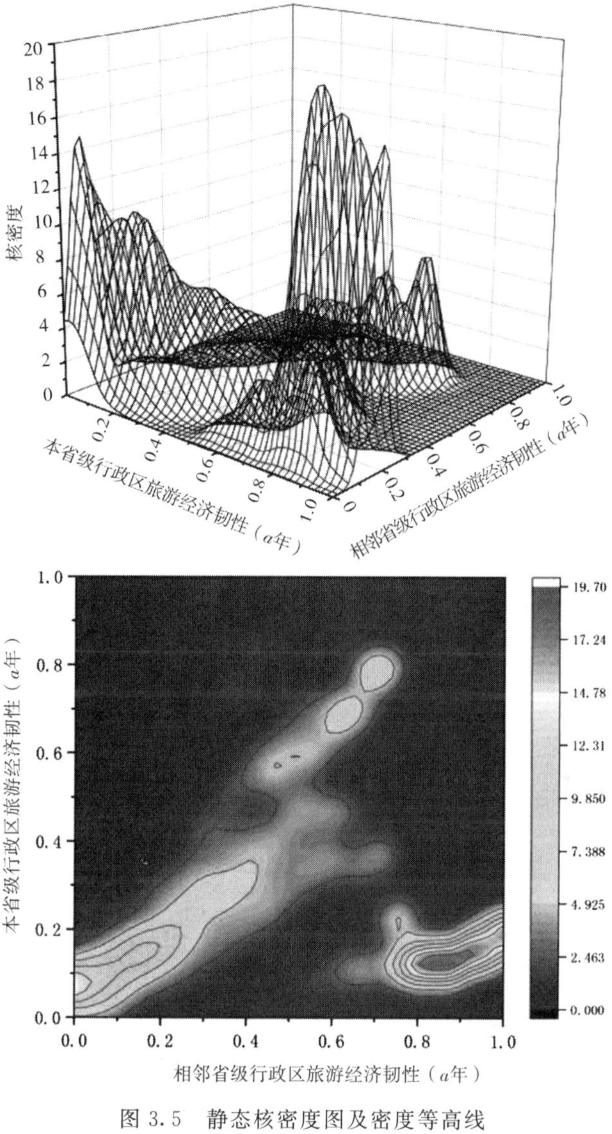

图 3.5　静态核密度图及密度等高线

（四）空间条件下动态核密度估计

动态核密度估计是在空间条件下的静态核密度估计的基础上加上时间跨度，用来分析旅游经济韧性动态演进是否存在空间滞后性。根据空间条件下的动态核密度估计结果，用 X 轴表示 a 年相邻省级行政区的旅游经济韧性，也就是空间滞后项，Y 轴表示 a + 3 年本省级行政区的旅游经济韧性。从图 3.6 可以看到，概率密度函数主要集中在 45°对角线上，同时，在右下角出现一个波峰，说明与低水平和中低水平旅游经济韧性地区相邻的省级行政区倾向于保持低水平状态。从右下角的波峰来分析，与高水平旅游经济韧性地区相邻的省级行政区也存在保持低水平状态的倾向，如与广东相邻的海南、广西，与辽宁相邻吉林、黑龙江。综合来看，受时间和空间效应的双重影响，

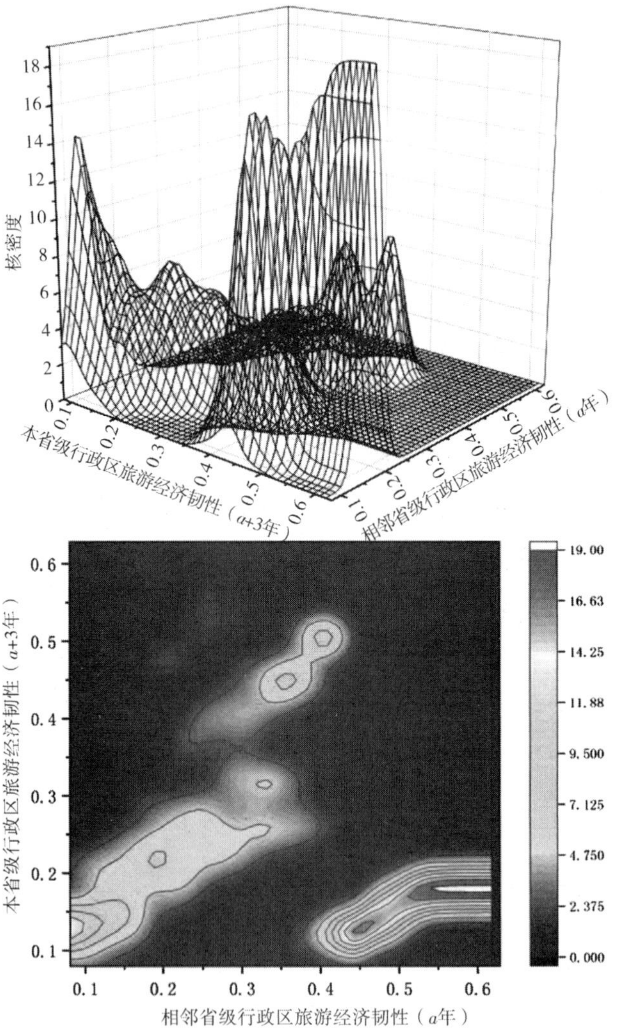

图 3.6　动态核密度图及密度等高线

中国各省级行政区的旅游经济韧性会受到相邻省级行政区的影响，存在马太效应，3 年后，大部分与低水平旅游经济韧性地区相邻的省级行政区倾向于停留在低水平状态，与高水平旅游经济韧性地区相邻的省级行政区倾向于保持高水平状态。

二、马尔可夫链分析

核密度估计侧重于分析旅游经济韧性的时空演进趋势，而马尔可夫链则关注旅游经济韧性类型的转移概率与方向。为分析各省级行政区旅游经济韧性变化，本研究运用传统和空间马尔可夫链方法，深入分析各省级行政区的旅游经济韧性演进趋势，归纳各省级行政区的旅游经济韧性动态演变特征。

（一）传统马尔可夫链分析

为研究不同时间跨度对旅游经济韧性演进的影响，本研究分别设定时间跨度 A 为 1 年、2 年、3 年和 4 年，根据前文的各省级行政区的旅游经济韧性划分标准，得到传统马尔可夫链转移概率矩阵，如表 3.4 所示。从表 3.4 可以看出，时间跨度为 1 年时，对角线上的概率均大于非对角线上的概率，说明各省级行政区的旅游经济韧性基本保持稳定，向更高等级韧性转移的概率较小。在其他时间跨度时，除低水平的对角线概率小于非对角线外，其他类型的对角线概率均大于非对角线概率，说明低水平的省级行政区有向中低水平跃进的趋势，其他类型的省级行政区保持其初始类型的概率相对较高。有趣的是，随着时间跨度的增加，对角线上的概率逐渐降低，说明旅游经济韧性由低水平类型向中低水平类型转移，由中低水平类型向中高水平类型转移。从各时间跨度来看，随着时间跨度增加，低水平类型向中低水平类型转移的概率增加，低水平类型的维持概率从 57.14%下降到 20.00%；各类型向中低水平类型和中高水平类型转移的概率分别大于 65.25%和 57.89%，且都随着时间跨度的增加而降低；只有高水平类型不受时间跨度影响，均维持 100%。低水平类型的省级行政区向中低、中高水平类型转移，且前者概率略大于后者。

表 3.4 传统马尔可夫链转移概率矩阵

时间跨度	类别	低	中低	中高	高
1 年	低	57.14%	42.86%	0.00%	0.00%
	中低	0.64%	89.17%	10.19%	0.00%
	中高	0.00%	11.11%	83.33%	5.56%
	高	0.00%	0.00%	0.00%	100.00%
2 年	低	38.10%	61.90%	0.00%	0.00%
	中低	0.68%	80.27%	19.05%	0.00%
	中高	0.00%	10.26%	76.92%	12.82%
	高	0.00%	0.00%	0.00%	100.00%
3 年	低	28.57%	71.43%	0.00%	0.00%
	中低	0.00%	72.39%	27.61%	0.00%
	中高	0.00%	11.11%	66.67%	22.22%
	高	0.00%	0.00%	0.00%	100.00%
4 年	低	20.00%	80.00%	0.00%	0.00%
	中低	0.00%	65.25%	34.75%	0.00%
	中高	0.00%	5.26%	57.89%	36.84%
	高	0.00%	0.00%	0.00%	100.00%

（二）空间马尔可夫链分析

本研究分别将时间跨度 A 设定为 1 年和 4 年，对旅游经济韧性的空间马尔可夫链进行分析，计算结果如表 3.5 所示。从表 3.5 可以看出，在引入空间条件后，各省级行政区的旅游经济韧性依然呈现明显的中低和中高水平类型的集中趋势，同时，高水平类型之间的转移概率有所增加。相邻省级行政区韧性水平的升高对于该省级行政区旅游经济韧性的提升具有促进作用，当本省级行政区为中低水平类型或者中高水平类型时，促进作用较为明显，特别是当相邻省级行政区由中低水平类型提升至中高水平类型时，本省级行政区向中高水平类型转移的概率明显增加。随着时间跨度从1年增加至5年，中高水平类型转移概率增加，即由中低水平类型向中高水平类型转移。综上所述，无论与哪种类型的省级行政区相邻，该省级行政区旅游经济韧性均会由低水平类型向高水平类型转移，但转移概率有所不同。

表3.5　空间马尔可夫链转移概率矩阵

相邻省级行政区		本省级行政区							
		$A=1$				$A=4$			
		低	中低	中高	高	低	中低	中高	高
低	低	60.00%	40.00%	0.00%	0.00%	20.00%	80.00%	0.00%	0.00%
	中低	0.00%	100.00%	0.00%	0.00%	0.00%	100.00%	0.00%	0.00%
	中高	—	—	—	—	—	—	—	—
	高	—	—	—	—	—	—	—	—
中低	低	60.00%	40.00%	0.00%	0.00%	21.43%	78.57%	0.00%	0.00%
	中低	0.88%	92.98%	6.14%	0.00%	0.00%	74.12%	25.88%	0.00%
	中高	0.00%	23.08%	76.92%	0.00%	0.00%	20.00%	60.00%	20.00%
	高	0.00%	0.00%	0.00%	100.00%	0.00%	0.00%	0.00%	100.00%
中高	低	0.00%	0.00%	0.00%	0.00%	0.00%	0.00%	0.00%	0.00%
	中低	0.00%	74.19%	25.81%	0.00%	0.00%	25.00%	75.00%	0.00%
	中高	0.00%	6.90%	82.76%	10.34%	0.00%	0.00%	50.00%	50.00%
	高	0.00%	0.00%	0.00%	100.00%	0.00%	0.00%	0.00%	100.00%
高	低	0.00%	100.00%	0.00%	0.00%	0.00%	100.00%	0.00%	0.00%
	中低	0.00%	88.89%	11.11%	0.00%	0.00%	83.33%	16.67%	0.00%
	中高	0.00%	8.33%	91.67%	0.00%	0.00%	0.00%	100.00%	0.00%
	高	0.00%	0.00%	0.00%	100.00%	0.00%	0.00%	0.00%	100.00%

注："—"表示 n_i 为0，条件概率 P_{ij} 无意义。

本研究从抵抗与恢复能力、适应与调整能力、创新与转型能力 3 个维度构建了旅游经济韧性指标体系，采用熵权法、核密度估计法及马尔可夫链对旅游经济韧性的分布、差距及动态演进进行了分析。

（1）旅游经济韧性的时序变化总体表现为“先上升，后下降”的趋势，即 2011—2019 年为上升阶段，2020 年有所下降。从分维度来看，抵抗与恢复能力、适应与调整能力以及创新与转型能力与旅游经济韧性存在非均衡性，并且各维度之间也存在非均衡性。

（2）旅游经济韧性的空间分布并未形成地区集聚，各省级行政区旅游经济韧性类型由低水平、中低水平向中高水平、中高水平转移。各省级行政区旅游经济韧性发展趋势存在区域非均衡性，东部地区起点较高，发展速度较慢；中部地区起点较低，发展速度快；东北地区和西部地区起点较低，发展速度较慢。

（3）从时空交互来看，高斯核密度曲线随着时间推移向右移动，主峰偏左，存在右拖尾的现象，说明低水平和中低水平的旅游经济韧性仍占据主要地位，且有缓慢增长的趋势。无条件核密度估计结果显示，$a+5$ 年、$a+3$ 年与 a 年各省级行政区旅游经济韧性等高线主要集中在 45°对角线，各省级行政区旅游经济韧性保持相对稳定，有整体缓慢上升的趋势，与传统核密度函数的结果一致。在增加了空间邻接矩阵的基础上，空间条件下静态和动态核密度分布整体上沿着 45°对角线分布，说明大部分省级行政区旅游经济韧性的提升有着明显的相似性，存在时间和空间双重效应。

（4）从演进动态来看，低水平的旅游经济韧性向中低、中高水平转移，且前者概率略大于后者。相邻省级行政区旅游经济韧性水平的升高对于该省级行政区旅游经济韧性具有促进作用，但影响程度不尽相同。无论是与哪种水平的省级行政区相邻，该省级行政区旅游经济韧性均会由低水平向高水平转移，只是转移的概率有所不同。

第四章 旅游经济韧性与旅游经济高质量协调发展分析

第一节 研究方法

一、基尼系数

基尼系数是最常用的衡量不平等的标准之一。与其他不平等的度量方法如熵指数、赫芬达尔-赫希曼指数和阿特金森指数相比，基尼系数的优势在于它能够纳入分析变量中的负值和空值。一些学者尝试分解基尼系数，然而，仅根据分组平均值进行测量，结果通常被认为是不被接受或不能令人满意的。因此，Dagum 提出了一种基尼系数分解法，其不仅考虑了分组均值之间的差异，还包含分组分布的所有差异，从而能够更准确地衡量各组成部分之间的差异。随后，在很长的一段时期内，有关收入分配和收入差距的研究都采用 Dagum 基尼系数进行分析。

传统的时空差异研究方法主要用于评估区域间的总体差异，然而，其在评估区域内差异及其贡献方面存在局限性。Dagum 基尼系数有效地解决了这一问题。Dagum 基尼系数被应用于多个研究领域，如农业功能空间、土地利用和水资源利用、工业技术创新、旅游经济高质量发展、碳排放和能源效率等。从本质上讲，Dagum 基尼系数是一种非常有效的技术方法，能够更全面地反映区域内不同主体旅游经济韧性的差异和演变趋势。本研究选择利用 Dagum 基尼系数分解旅游经济韧性的区域差异、区域间差异和超密度差异，探讨其贡献值和贡献度，分析旅游经济韧性的区域差异。

由于未收集到西藏的统计数据，本章研究中没有将西藏纳入其中。将中国除西藏自治区及港澳台地区以外的 30 个省级行政区划分为东部、西部、中部和东北地区，进行 Dagum 基尼系数计算。Dagum 基尼系数的计算公式为：

$$G = \frac{\sum_{j=1}^{k}\sum_{h=1}^{k}\sum_{i=1}^{nj}\sum_{r=1}^{nh}|y_{ji}-y_{hr}|}{2\mu n^2}$$

其中：μ 表示 30 个省级行政区的旅游经济韧性均值；y_{ji}（y_{hr}）表示 j（h）地区内第 i（r）年的旅游经济韧性值；n 表示考察的省级行政区的数量；k 表示地区数；nj（nh）表示 j（h）地区内所包含的省级行政区数量。

根据 Dagum 基尼系数的分解思路，$G=G_w+G_{nb}+G_t$，可以分别计算出旅游经济韧性地区间差距的贡献程度 G_{nb}，即 j 和 h 地区之间旅游经济韧性的分布差异；地区内差距的贡献程度 G_w，即地区内旅游经济韧性的分布差异；超变密度的贡献程度 G_t，即地区之间旅游经济韧性交叉影响的剩余项。此外，还需要测算 j 和 h 地区之间的基尼系数 G_{jh} 和 j 地区内基尼系数 G_{jj}。

二、静态耦合协调度模型

耦合是指两个或多个实体相互关联或相互影响的状态。耦合协调度模型用于分析两个或多个系统间的相互作用，其结果能反映出系统间相互影响的程度。协调度越高，表明系统协调状况越好。耦合协调度成为验证旅游经济韧性和旅游经济高质量发展的有效工具。Chang 等的研究为旅游经济韧性和旅游协调发展提供了证据。

耦合度公式如下：

$$C = \left\{\frac{F(x)\times F(y)}{([F(x)+F(y)]/2)^2}\right\}^{1/2}$$

式中：耦合度 C 的取值范围为 0～1。C 越接近 1，表示各系统间的耦合度越大；C 越接近 0，表示各系统间的耦合度越小。

协调度公式如下：

$$D = \sqrt{C \times T},\ T = \alpha F(x) + \beta F(y)$$

式中：C 为耦合度；D 为协调度；T 为耦合协调发展水平的综合评价指数；α、β 为综合发展系数。对于旅游产业而言，旅游经济韧性与旅游经济高质量发展同等重要，故 α、β 均取值 0.5。

三、动态耦合协调度模型

Seton 首次提出剪刀差的概念来描述工业品和农产品之间的价格差趋势。剪刀差可以反映子系统进化趋势的特征和差异，从动态角度揭示整个进化过程的内部动力机制。目前，剪刀差已被广泛应用到旅游经济研究中。本研究通过剪刀差模型来衡量旅游经济韧性与旅游经济高质量发展趋势的差异。剪刀差越大，表明旅游经济韧性与旅游经济高质量发展趋势的差异越大（见图 4.1）。

动态耦合协调度模型综合考虑旅游经济韧性与旅游经济高质量发展耦合元素的相互影响，深入评估二者之间的协调关系与相互作用表现。为了使模型更全面地捕捉旅游经济韧性与旅游经济高质量发展之间的耦合动态，将旅游经济韧性与旅游经济高质量发展视为一个整体，旅游经济韧性 $F(x)$ 与旅游经济高质量发展 $F(y)$ 协调时，整个系统也是协调发展的。旅游经济韧性与旅游经济高质量发展的协调如同经济发展一样存在周期性，$V(x)$ 与 $V(y)$ 在二维平面内形成夹角 α，夹角 α 满足：$\tan\alpha = V(x)/V(y)$，即 $\alpha = \arctan V(x)/V(y)$（如图 4.1 所示）。根据 α 的取值，可以深入评估整个系统的演化状态，以及旅游经济韧性与旅游经济高质量发展之间的动态耦合程度。在演化周期中，系统将经历低级协调共生（Ⅰ）、协调发展（Ⅱ）、极限发展（Ⅲ）、螺旋式上升（Ⅳ）4 个阶段。这些阶段展现出各自独有的特征（如表 4.1），从而反映出系统在不同阶段的发展趋势和协调状态。

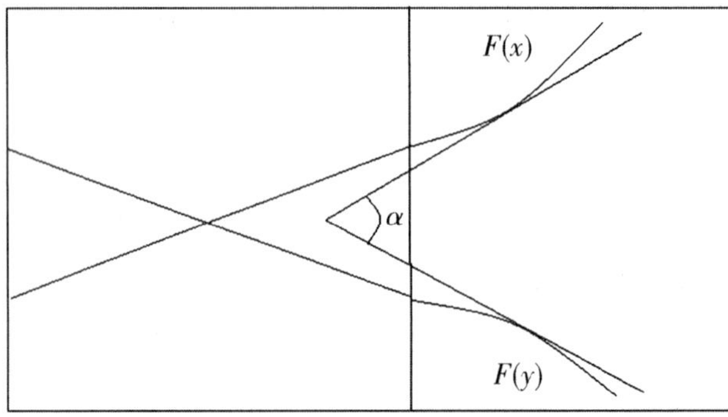

图 4.1　剪刀差示意图

表 4.1　动态耦合协调度模型

发展阶段	角度范围	细分阶段	具体表现
Ⅰ 低级协调 共生阶段	$-90°<\alpha\leqslant 0°$	低级协调 共生阶段	旅游经济韧性呈现缓慢发展趋势，受旅游经济高质量发展的制约较小，对后者的影响几近为零
Ⅱ 协调 发展阶段	$0°<\alpha<45°$	Ⅱ-1 初级协调 发展阶段	旅游经济韧性的演化速度 $V(x)$ 低于旅游经济高质量发展速度 $V(y)$，导致旅游经济韧性逐渐对旅游经济高质量发展施加压力，而旅游经济高质量发展则对旅游经济韧性产生了制约
	$\alpha=45°$	Ⅱ-2 和谐 发展阶段	旅游经济韧性的演化速度 $V(x)$ 与旅游经济高质量发展速度 $V(y)$ 相等，使得它们在和谐发展方面取得了平衡
	$45°<\alpha\leqslant 90°$	Ⅱ-3 共同 发展阶段	旅游经济韧性的演化速度 $V(x)$ 逐渐增加，超过了旅游经济高质量发展的速度 $V(y)$，导致旅游经济韧性和旅游经济高质量发展之间开始相互影响，旅游经济高质量发展对旅游经济韧性的制约和限制逐渐显现，但并不突出
Ⅲ 极限 发展阶段	$90°<\alpha\leqslant 180°$	极限 发展阶段	旅游经济韧性高速发展期，旅游经济高质量发展趋近最佳状态，两者之间的矛盾逐渐显现出来
Ⅳ 螺旋式 上升阶段	$-180°<\alpha\leqslant -90°$	螺旋式 上升阶段	旅游经济韧性和旅游经济高质量发展之间的关系从交互胁迫逐渐演变为相互促进，最终实现旅游经济韧性与旅游经济高质量发展的高度协调共生状态

四、收敛性检验

人们可以区分增长经验中的两种收敛类型：σ 收敛和 β 收敛。当一组经济体实际人均收入的离散度随着时间的推移而下降时，就会出现 σ 收敛。Martin 提出一种简单而无偏的收敛度量，即 β 收敛。当收入随时间的增长与其初始水平之间的偏相关为负时，存在 β 收敛。

许多学者使用不同的方法和数据集测试了绝对收敛和条件收敛假设，并在一些数据集上得到验证。本研究尝试探索区域间和区域内的绝对收敛和条件收敛，计算出绝对收敛和条件收敛的速度，并提出可以缩小两系统发展差异的对策。

本研究旨在深入探讨旅游经济韧性与旅游经济高质量发展的时空演化趋势。通过对 30 个省级行政区以及东部、中部、西部和东北地区进行 β 收敛性分析，揭示其时空差异。β 收敛属于新古典增长模型，该模型强调在相对封闭的经济环境中，由于存在增长率的差异，经济滞后的地区最终迎头赶上经济发达地区，实现共同稳态水平的收敛。β 收敛可分为绝对 β 收敛和条件 β 收敛两类。绝对 β 收敛专注于考察不同地区两系统协调发展的收敛状态。条件 β 收敛是在绝对收敛的基础上引入控制变量后的收敛态势。

1. 绝对 β 收敛

构建绝对 β 收敛模型：

$$\ln\left(\frac{y_{i,t+1}}{y_{i,t}}\right)=\alpha+\beta\ln(y_{i,t})+\mu_i+\eta_t+\varepsilon_{it}$$

式中：$y_{i,t+1}$ 和 $y_{i,t}$ 分别表示省级行政区 i 在 $t+1$ 时刻和 t 时刻的协调度；β 为收敛系数，μ_i、η_t 和 ε_{it} 分别表示个体效应、时间效应和误差项。若 $\beta<0$，则表明某省级行政区旅游经济韧性与旅游经济高质量发展的协调度存在 β 收敛趋势；若 $\beta>0$，则表明存在发散趋势。

2. 条件 β 收敛

条件收敛是指在控制其他影响因素的基础上，各省级行政区旅游经济韧性与旅游经济高质量发展的协调程度只与初始状态相关，落后地区追赶上发达地区而达到同一状态的收敛态势。本研究引入与耦合相关的影响因素作为条件 β 收敛模型的控制变量，采用空间杜宾模型构建条件 β 收敛模型：

$$\ln\left(\frac{y_{i,t+1}}{y_{i,t}}\right)=\alpha+\beta\ln(y_{i,t})+\varphi X_{i,t}+\mu_i+\eta_t+\varepsilon_{it}$$

式中：$X_{i,t}$为影响两系统协调发展的控制变量，包括政府干预（gov）、基础设施（inf）、产业结构（ind）和对外开放（$open$）等控制变量；φ 为相应系数矩阵；其余变量含义与绝对收敛公式相同。

旅游业拥有强大的带动效应，对其他产业的发展有着积极的影响。在适宜发展旅游业的地区实施配套的财政政策，能够有效地促进当地旅游经济的增长，推动整个区域经济的繁荣。政府通过政府投资和财政转移支付等手段，积极支持旅游规划编制、基础设施建设、人才培训、信息化建设以及完善其他配套设施，能够促进旅游业和当地经济的融合发展。本研究采用地方财政支出与 GDP 的比值衡量政府干预程度。

交通运输是旅游业的基础部门，交通运输可以离开旅游业而独立存在，但旅游业却离不开交通运输。交通运输成为旅游目的地吸引力的关键要素。航空、铁路等交通方式是长途旅行的最佳选择。由于交通运输的发展，交通方式变得越来越便捷，使得更多的人有机会更频繁地旅行。本研究使用公路里程与行政区域面积的比值表示基础设施建设水平。

产业进步带来的红利推动了区域经济的持续增长，对旅游产业产生了积极影响。有学者证实，区域内的产业结构与旅游经济之间存在格兰杰因果关系。这表明，通过促进产业升级，可实现旅游业与区域经济之间的良性互动，推动整个区域经济的可持续发展。本研究采用旅游业总收入与 GDP 的比值衡量产业结构。

国际贸易是旅游需求的决定性因素之一。自 20 世纪 80 年代开始，国际贸易一直是国际旅行的重要组成部分。一些学者认为，旅游与贸易之间存在均衡和因果关系，并在澳大利亚、马来西亚、伊斯兰国家和中国取得了证据。赵多平等运用协整分析和格兰杰因果关系检验证实中国与客源国之间的旅游与进出口贸易存在因果关系。本研究采用进出口总额与 GDP 的比值来测度对外开放。

根据绝对收敛和条件收敛公式，可计算考察期 T 的收敛速度和半生命周期 c。计算公式为：

$$s = -\frac{\ln(1-T|\beta|)}{T}, \quad c = \frac{\ln 2}{s}$$

式中：s 为收敛速度，也就是旅游经济落后地区追上旅游经济发达地区的速度；本模型中 $T=1$；半生命周期 c 为消除一半差异所耗费的时间。

第二节 协调度分析

一、时间序列变化

（一）旅游经济高质量发展

图 4.2 展示了 2011—2020 年中国旅游经济高质量发展情况。总体来看，除 2020 年外，中国旅游经济高质量发展水平呈现缓慢增长趋势，发展指数基本维持在 0.10 以上。

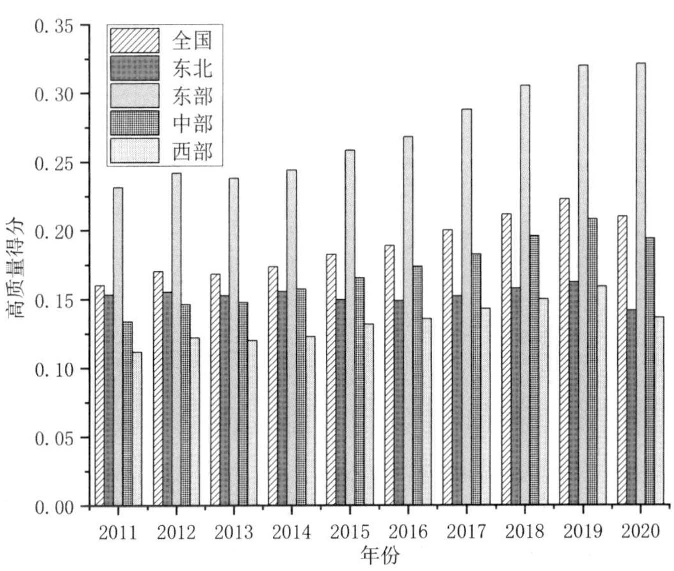

图 4.2 东部、中部、西部和东北地区旅游经济高质量得分均值

分地区看，2011—2020 年中国各地区旅游经济高质量发展水平呈现稳步提升的发展态势。在各地区平均指数排名中，东部第一（0.272），中部次之（0.170），东北地区（0.153）与西部地区（0.133）基本持平，排名为东部>中部>东北>西部。东部地区发展水平远高于全国平均水平，中部、东北、西部地区始终落后于全国平均水平。从地区差异来看，研究期内各地区旅游发展不平衡现象依然存在。由于各地区优质旅游发展水平的波动，地区间的差距呈现出不稳定性。2017 年以来，各地区旅游发展差距趋于缩小，但东部地区明显高于其他地区。

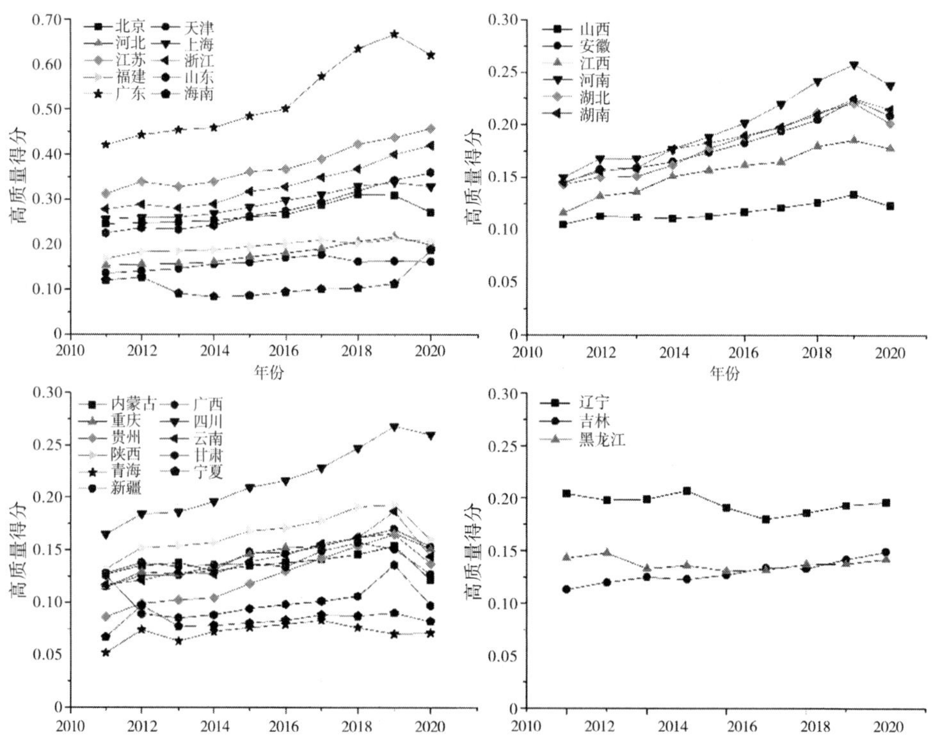

图 4.3　东部、中部、西部和东北地区旅游经济高质量得分

东北三省处于振兴老工业基地、推动经济转型升级的关键时期，旅游业被确定为重要支柱产业，对推动地方经济发展具有重要意义。东北三省文化与旅游部门出台了一些政策文件，提出加强旅游基础设施建设、提升旅游产

品品质、优化旅游营商环境、加强旅游人才培养等方面的意见，强调要实现旅游业转型升级，提升旅游服务质量，促进旅游业与其他产业融合发展。2011年以来，黑龙江省文化和旅游厅陆续出台了一系列旅游政策和文件，以促进黑龙江旅游业的发展。如《黑龙江省冰雪旅游专项规划（2017—2025）》，明确了发展黑龙江冰雪旅游的总体目标和发展思路，提出具体措施，如加大对冰雪旅游基础设施建设的投入，包括道路、停车场、卫生间等基础设施建设，推动开发一批具有地方特色的冰雪旅游产品，如冰雪运动、冰雪景观观赏、冰雪文化体验等，加强对冰雪旅游从业人员的培训和管理，加强对冰雪资源环境的保护和管理，等等。2011—2020年期间，黑龙江省在旅游发展方面取得了较好的成绩，旅游业规模不断扩大，接待国内外游客数量逐年增加。2019年，黑龙江全省接待游客总量达到3.55亿人次，旅游综合收入达到1.2万亿元。通过大力发展冰雪旅游，黑龙江成功打造了一批知名冰雪旅游品牌，如哈尔滨冰雪大世界、雪乡等。

（二）耦合协调度分析

本研究通过构建旅游经济韧性和旅游经济高质量发展评价指标体系，采用熵值法计算权重，利用样本数据计算一级指标的综合值，然后进一步计算两个子系统的综合值，最后运用耦合度和协调度公式计算两个子系统的耦合度和协调度，对中国30个省级行政区2011—2020年的耦合度和协调度进行了研究。

从图4.4和图4.5可以看出，中国四个地区的两系统耦合度为0.975～1.000，协调度为0.300～0.570，均呈上下波动趋势。也就是说，随着时间的推移，旅游经济韧性和旅游经济高质量发展两个子系统之间的交互作用增强，协调关系得到改善。这一结果也被潘华丽证实：城市韧性和旅游经济呈现增长趋势，协调度经历“中度紊乱—裸协调—中度紊乱”三个阶段。从协调度来看，东部地区要高于全国水平，中部、西部和东北地区低于全国平均水平，中部地区和东北地区基本相同，西部地区垫底。四个地区的协调度呈现上升的趋势，这一结论与Chang等的研究成果一致：旅游发展与经济韧性复合系统的协调度逐年增强，呈现出不同区域的空间分异格局。

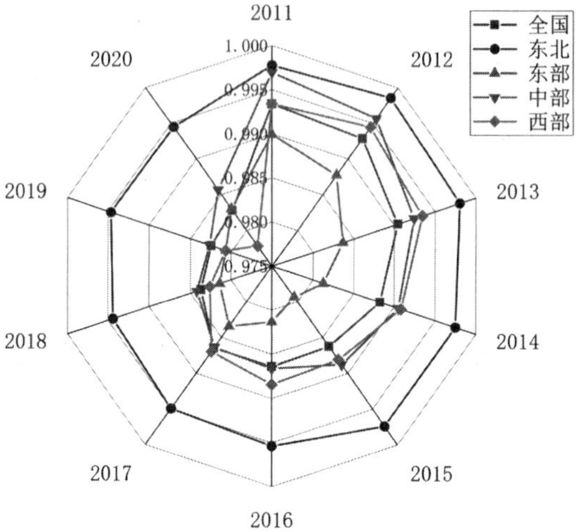

图 4.4　东部、中部、西部和东北地区的耦合度

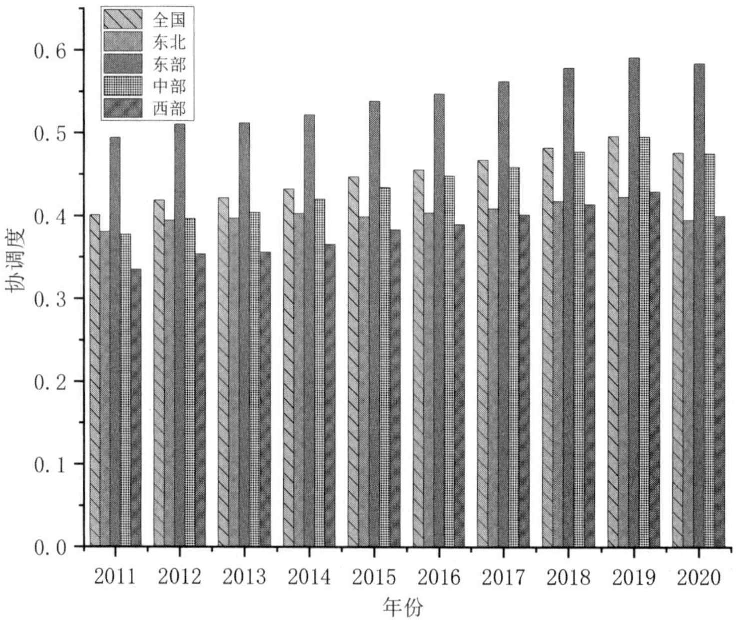

图 4.5　东部、中部、西部和东北地区的协调度均值

二、空间分布变化

研究期间，两系统协调度的空间格局如图 4.6 所示。从各省级行政区来看，协调度在 0.45 以上的省级行政区包括北京、天津、上海、江苏、浙江、福建、山东、广东、安徽、江西、四川和辽宁等。这些省级行政区旅游产业发达、基础设施完善，通常具有较强的旅游经济韧性。首先，较强的旅游经济韧性使得这些省级行政区能够更快地从自然灾害等事件中恢复过来，减少旅游业的损失。其次，较强的旅游经济韧性可以增强这些省级行政区旅游业的竞争力。最后，较强的旅游经济韧性还能够促进这些省级行政区旅游业的可持续发展，使其能够更好地适应外部环境的变化，实现长期稳定的发展。

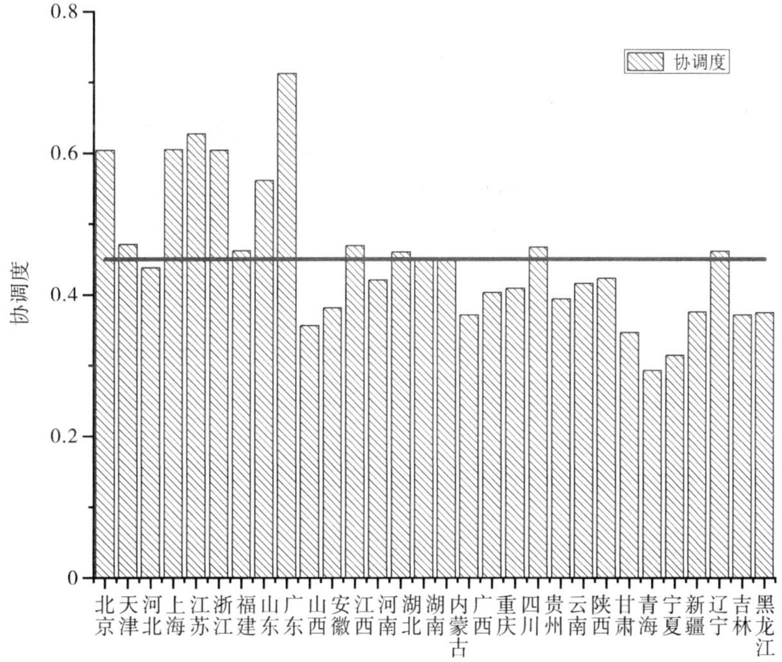

图 4.6　30 个省级行政区的协调度

协调度较低的省级行政区有青海、甘肃和宁夏，其协调度均低于 0.35。从图 4.7 中可以看出，青海、甘肃和宁夏的旅游经济韧性和旅游经济高质量发展得分都处于低位。尽管这些地区拥有壮丽的自然风光和丰富的文化遗产，但由于地理环境恶劣、气候条件苛刻，旅游业发展受到一定限制。相对于东部发达地区，青海、甘肃和宁夏的交通、通信、住宿等基础设施不够完善，直接影响了游客的出行体验。另外，部分省级行政区的旅游产品相对单一，缺乏多元化和具有吸引力的旅游产品，无法吸引更多的游客前来旅游。

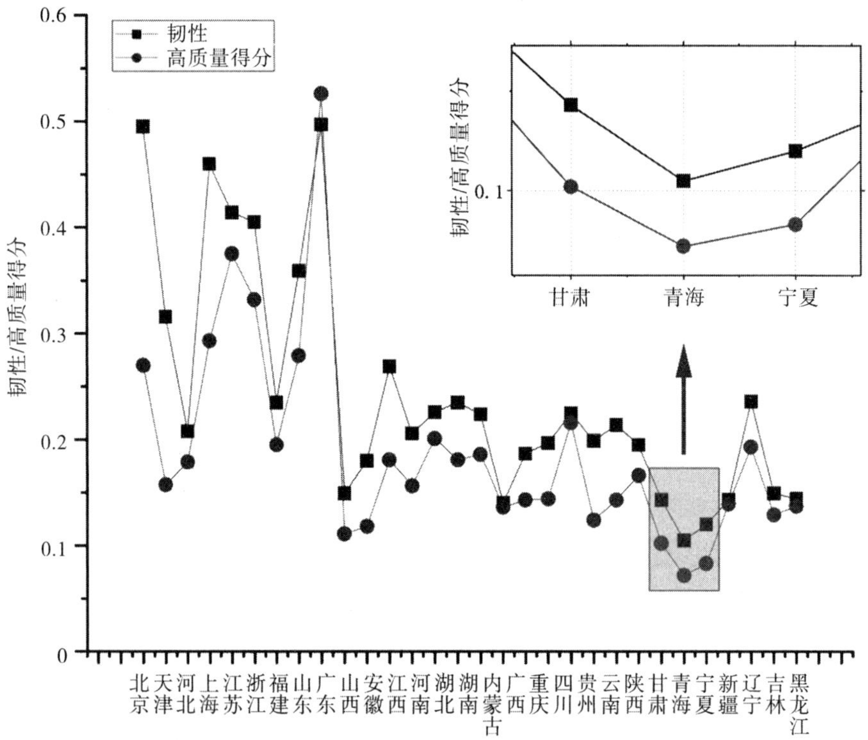

图 4.7　30 个省级行政区的韧性与高质量得分

其他大部分省级行政区的协调度为 0.35～0.45，总体呈现出“西弱东强”的格局。安徽、四川和辽宁等的协调度较高，表现出一定的特殊性。安徽加大对旅游基础设施建设的投入，推动旅游与文化、体育、农业等产业融合发展，加强旅游宣传推广，提升安徽旅游知名度和美誉度。四川提出加快发展四川旅游业的总体目标和发展思路，推动旅游业与其他产业融合发展，拓展旅游业发展空间。辽宁加大对旅游基础设施建设和旅游景区开发的支持力度，加强旅游市场监管，维护旅游市场秩序。这些省级行政区制定了许多的政策文件来支持旅游业发展。2016 年，安徽省政府为促进旅游业发展而出台了促进旅游业转型升级的若干政策措施，实施以来取得了一定成效，安徽省旅游市场持续繁荣。2016—2020 年，安徽省全省接待国内外游客总数从 1.27 亿人次增加到 2.32 亿人次，年均增长率达到 12.9%，旅游总收入从1 124.9亿元增加到2 225.8亿元，年均增长率达到 18.7%。安徽省注重挖掘和保护传统文化，推出了一系列具有地方特色的文化体验产品，如徽派建筑、徽菜等；还推出了一批生态旅游产品，包括生态农庄、生态游等，受到游客青睐。

本研究将各省级行政区的协调度划分为四个类型，低于均值 50%的为低水平类型，介于均值 50%～100%的为中低水平类型，介于均值 100%～150%的为中水平类型，超过均值 150%的为高水平类型。

总体来看，中国高水平协调度指数地区主要以集聚、连片发展为主，区域分布特征明显，4 种类型之间具有明显的差异。

一是高水平类型集中在东部沿海和中部地区，低水平类型集中在西部和东北地区，基本与“胡焕庸线”一致。2011—2019 年，大部分省级行政区实现了从低水平、中低水平向中高水平、高水平的转换，但是 2020 年有所回落。分地区来看，各地区发展转换速度存在较大差异。东部地区起点较高，发展速度较慢；中部地区起点较低，发展速度快；西部和东北地区起点较低，发展速度较慢。综合来看，中国旅游经济韧性发展起点和转变速度存在非均衡性，并未形成明显的地区集聚现象。

二是同种类型的省级行政区存在区域集聚现象。虽然旅游经济韧性和高质量协调发展未出现明显的集聚现象，但是存在区域集聚现象。协调度在全国均值以上的省级行政区包括东部的北京、天津、上海、江苏、浙江、福建、山东、广东、安徽和 3 个东部以外的省级行政区。协调度最低的省级行政区有青海、甘肃和宁夏，这 3 个省级行政区相邻。分地区来看，除东部地区差异明显外，其他地区的协调度均存在相似性。因此，区域内旅游经济韧性和高质量协调发展是否存在空间溢出效应有待进一步验证。

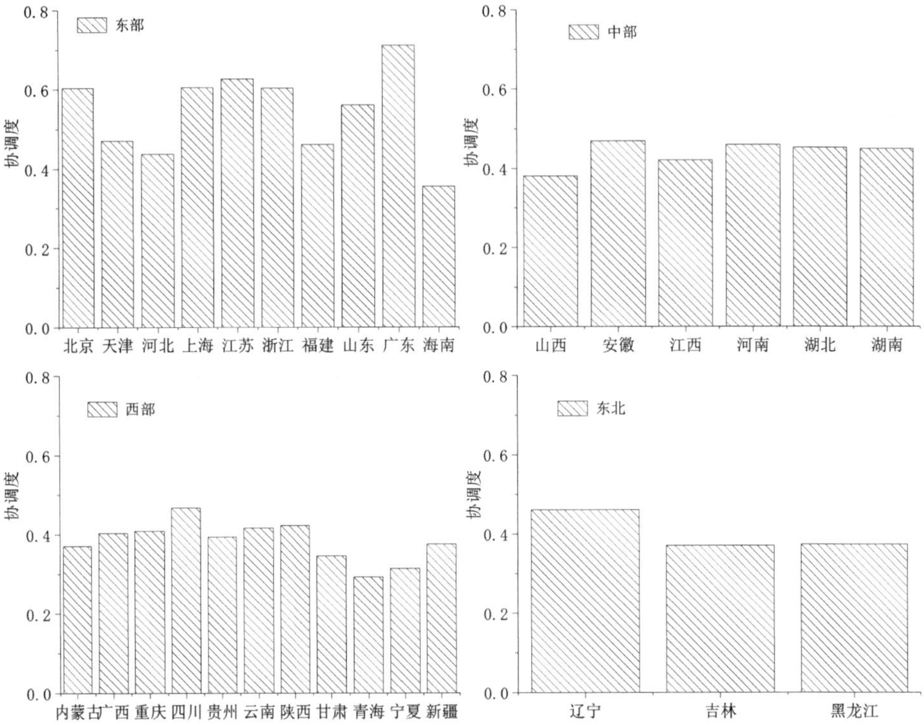

图 4.8　东部、中部、西部和东北地区的协调度

三是由东南沿海向西北内陆递进发展，高水平类型的省级行政区主要分布在东部沿海地区。东部沿海地区受益于良好的社会经济发展基础，能够在危机事件冲击下迅速调整旅游战略，形成统筹兼顾的发展格局。青海、宁夏、甘肃、吉林、辽宁等省级行政区地理位置边远，协调度为低水平类型。这也间接说明，旅游经济韧性和高质量协调发展是一个动态演化和复杂调整的过程。只有充分保持对危机冲击的敏感性，才能始终保持良好的发展态势。

最后，低水平类型的省级行政区始终存在，但随着时间的推移逐渐减少，两系统呈现出不断优化的趋势。

三、动态耦合结果分析

（一）动态耦合结果

在2011—2020年间，两个系统协调度的剪刀差 α 总体呈现不断缩小的趋势，从54.67°降至42.13°（如图4.9所示），表明旅游经济韧性与旅游经济高质量发展之间的差异逐渐减小。在2011—2017年期间，α 的下降幅度相对较小，但波动较为显著。波动主要源于旅游经济韧性和旅游经济高质量发展曲线在时间上的差异，前者主要在2011—2014年波动，后者在同期内也表现出较为明显的波动，两者的综合效应导致剪刀差曲线呈现波动趋势。在2015—2018年期间，α 的下降速度较快且相对稳定，这主要是因为旅游经济韧性与旅游经济高质量发展演化速率差异减小，导致二者之间的剪刀差逐渐缩小。

2011—2020年期间，两系统的耦合度主要集中在第Ⅰ区域和第Ⅱ区域，其角度范围为 $0° < \alpha < 70°$，即呈现两系统共同发展的状态。在这段时间内，两系统协调度的矛盾逐渐显露，但并未突显出来。如图4.9所示，协调度夹角逐渐趋近于45°，说明二者逐步朝向协调方向发展。在这个过程中，大多数省级行政区的旅游经济韧性发展速度降低，而旅游经济高质量发展速度提高，导致二者演化速率的比值逐渐减小。在特定状态下，旅游产业环境承载能力以及抵御外部干扰的能力是有限的。当旅游经济韧性发展速度过快时，旅游系统通过一系列反馈，如旅游产品供给不足、公共卫生事件和自然灾害，制约经济发展并减缓其发展速度。由于旅游经济韧性与旅游经济高质量发展之间相互胁迫，两系统逐渐朝着协调发展的态势演化，体现为协调度的夹角 α 逐渐接近45°。旅游经济韧性与旅游经济高质量发展的演化速度存在差异，旅游经济韧性的演化速度高于旅游经济高质量发展的演化速度。在这段时间内，尽管两者之间的差异呈现减小的趋势，但并不明显。由于旅游经济韧性与旅游经济高质量发展的演化速度差异逐渐减小，即它们的演化速度逐步相近，表现为 α 值逐渐趋近于45°。

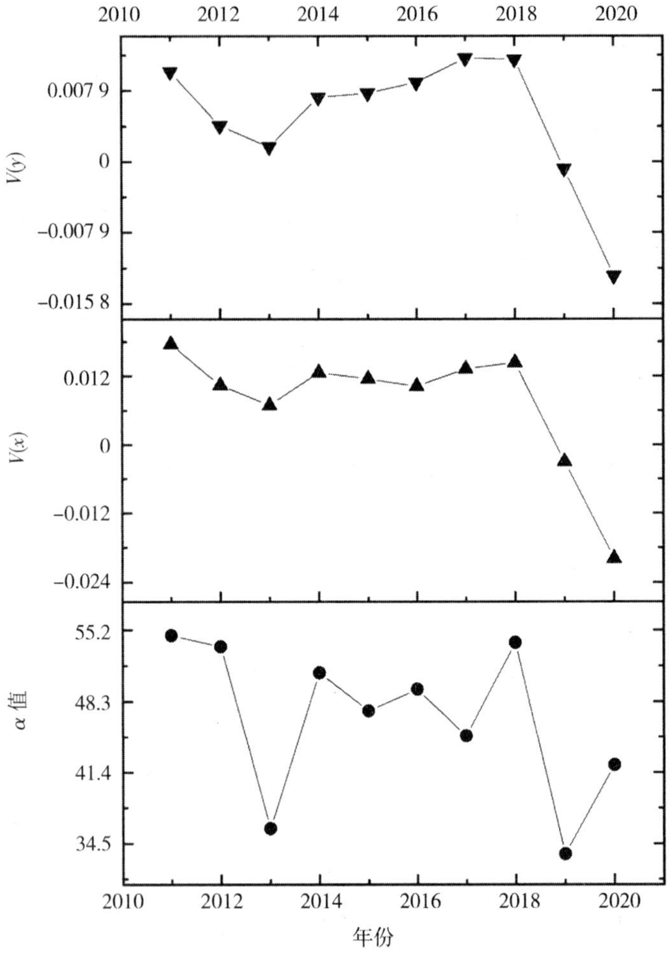

图 4.9 耦合演化速率和 α 值

表 4.2 展示了 2011 年、2014 年、2017 年和 2020 年的旅游经济韧性和旅游经济高质量发展的协调发展类型统计结果。分析发现，各地区研究期内绝大部分年份都处于Ⅱ-3 类型，即 $V(x) > V(y)$，旅游经济韧性发展速度逐渐加快，旅游经济韧性与旅游经济高质量发展开始相互影响，旅游经济高质量发展对旅游经济韧性的约束与限制开始显露，但尚不突出。少部分年份是Ⅱ-1类型，即 $V(x) < V(y)$，旅游经济韧性比旅游经济高质量发展速度较慢，旅游经济韧性已经开始显露出对旅游经济高质量发展的胁迫作用，旅游经济高质量发展制约了旅游经济韧性的发展。

表 4.2 α值和协调发展类型

省级行政区	2011 年		2014 年		2017 年		2020 年		均值	
	α	发展类型	α	发展类型	α	发展类型	α	发展类型	α	发展类型
北京	63.20	Ⅱ-3	62.65	Ⅱ-3	44.91	Ⅱ-1	39.83	Ⅱ-1	52.65	Ⅱ-3
天津	74.68	Ⅱ-3	65.98	Ⅱ-3	55.76	Ⅱ-3	77.15	Ⅱ-3	68.39	Ⅱ-3
河北	78.09	Ⅱ-3	59.60	Ⅱ-3	53.07	Ⅱ-3	51.05	Ⅱ-3	60.45	Ⅱ-3
山西	66.77	Ⅱ-3	78.86	Ⅱ-3	66.32	Ⅱ-3	67.91	Ⅱ-3	69.96	Ⅱ-3
内蒙古	55.95	Ⅱ-3	−72.75	Ⅰ	62.13	Ⅱ-3	49.59	Ⅱ-3	23.73	Ⅱ-1
辽宁	-53.14	Ⅰ	65.70	Ⅱ-3	54.20	Ⅱ-3	48.32	Ⅱ-3	28.77	Ⅱ-1
吉林	66.54	Ⅱ-3	84.87	Ⅱ-3	61.12	Ⅱ-3	57.08	Ⅱ-3	67.40	Ⅱ-3
黑龙江	74.72	Ⅱ-3	−81.26	Ⅰ	55.62	Ⅱ-3	53.33	Ⅱ-3	25.60	Ⅱ-1
上海	72.33	Ⅱ-3	49.31	Ⅱ-3	46.26	Ⅱ-3	33.82	Ⅱ-1	50.43	Ⅱ-3
江苏	45.27	Ⅱ-3	40.75	Ⅱ-1	34.39	Ⅱ-1	9.39	Ⅱ-1	32.45	Ⅱ-1
浙江	62.17	Ⅱ-3	43.30	Ⅱ-1	43.46	Ⅱ-1	15.70	Ⅱ-1	41.16	Ⅱ-1
安徽	57.72	Ⅱ-3	60.67	Ⅱ-3	50.58	Ⅱ-3	58.60	Ⅱ-3	56.89	Ⅱ-3
福建	56.54	Ⅱ-3	67.07	Ⅱ-3	-85.33	Ⅰ	43.64	Ⅱ-1	20.48	Ⅱ-1
江西	53.49	Ⅱ-3	63.94	Ⅱ-3	63.02	Ⅱ-3	58.66	Ⅱ-3	59.78	Ⅱ-3
山东	50.71	Ⅱ-3	51.41	Ⅱ-3	40.83	Ⅱ-1	-19.27	Ⅰ	30.92	Ⅱ-1
河南	47.11	Ⅱ-3	51.69	Ⅱ-3	45.79	Ⅱ-3	44.86	Ⅱ-1	47.36	Ⅱ-3
湖北	63.97	Ⅱ-3	57.79	Ⅱ-3	49.84	Ⅱ-3	49.58	Ⅱ-3	55.29	Ⅱ-3
湖南	55.85	Ⅱ-3	59.56	Ⅱ-3	50.60	Ⅱ-3	42.99	Ⅱ-1	52.25	Ⅱ-3
广东	42.33	Ⅱ-1	48.29	Ⅱ-3	28.94	Ⅱ-1	53.59	Ⅱ-3	43.29	Ⅱ-1
广西	65.27	Ⅱ-3	56.14	Ⅱ-3	64.69	Ⅱ-3	59.09	Ⅱ-3	61.30	Ⅱ-3
海南	64.14	Ⅱ-3	7.07	Ⅱ-1	60.96	Ⅱ-3	38.54	Ⅱ-1	42.68	Ⅱ-1
重庆	58.30	Ⅱ-3	58.15	Ⅱ-3	63.48	Ⅱ-3	61.04	Ⅱ-3	60.24	Ⅱ-3
四川	51.42	Ⅱ-3	58.07	Ⅱ-3	50.70	Ⅱ-3	44.17	Ⅱ-1	51.09	Ⅱ-3

续表

省级行政区	2011年		2014年		2017年		2020年		均值	
	α	发展类型	α	发展类型	α	发展类型	α	发展类型	α	发展类型
贵州	59.08	Ⅱ-3	62.52	Ⅱ-3	60.15	Ⅱ-3	54.68	Ⅱ-3	59.11	Ⅱ-3
云南	69.74	Ⅱ-3	66.05	Ⅱ-3	61.19	Ⅱ-3	57.76	Ⅱ-3	63.68	Ⅱ-3
陕西	45.39	Ⅱ-3	64.00	Ⅱ-3	51.54	Ⅱ-3	52.38	Ⅱ-3	53.33	Ⅱ-3
甘肃	23.46	Ⅱ-1	72.79	Ⅱ-3	64.20	Ⅱ-3	39.31	Ⅱ-1	49.94	Ⅱ-3
青海	63.56	Ⅱ-3	70.45	Ⅱ-3	−71.46	Ⅰ	−72.80	Ⅰ	−2.56	Ⅰ
宁夏	45.59	Ⅱ-3	82.80	Ⅱ-3	79.47	Ⅱ-3	44.71	Ⅱ-1	63.14	Ⅱ-3
新疆	60.59	Ⅱ-3	77.26	Ⅱ-3	41.85	Ⅱ-1	49.31	Ⅱ-3	57.25	Ⅱ-3

（二）地区差异

1. 总体差异及变动趋势

本研究计算协调度的地区内基尼系数（表4.3）和地区间基尼系数（表4.4）。总体基尼系数表现为“迅速下降，缓慢上升”的变化趋势。2011—2016年的基尼系数迅速下降，这与中国大力发展旅游经济有密切关系。中国文化和旅游部采取了推动全域旅游发展、加强旅游基础设施建设、推动旅游业与其他产业融合发展等多项措施，促进地区旅游产业快速发展。例如，支持贵州、云南等地打造全域旅游示范区，支持西藏、新疆等地加强旅游基础设施建设，支持湖南、江西等地发展农村旅游、乡村旅游。同时，中国文化和旅游部推出“中国梦之旅”“中国旅游日”等系列活动，加快各地旅游品牌建设，提高旅游目的地的知名度和美誉度。2016年，全国共接待国内游客51.97亿人次，同比增长13.6%；实现国内旅游收入4.69万亿元，同比增长14.4%。各地区旅游业发展呈现出良好的态势，旅游业发展差距缩小。2017—2020年，全国的基尼系数逐渐增大。各省级行政区大力发展旅游业，旅游经济高质量发展和旅游经济韧性之间出现了一些不协调的现象。如2017

年，九寨沟景区接待游客量达到了432.5万人次，同比增长45.9%。由于地震前景区已过度开发，地震后再次开放，游客数量激增，导致景区环境承载能力严重超载，加大了景区管理难度。

2. 地区差异及其分解

（1）地区内差异分析

从地区内基尼系数来看，东部地区基尼系数最高，西部地区和中部地区居中，东北地区基尼系数最小。有趣的是，东部的地区内差异和全国平均值基本保持稳定，中部、西部和东北地区的地区内差异呈现波动状态。例如：中部的地区内差异呈“N”形变化，即“先上升，再下降，再上升”；而东北和中部的地区内差异变化趋势刚好相反。整体而言，两系统协调度存在区域差异，各地区间发展存在非均衡性。

表 4.3　地区内基尼系数

年份	总体	东部	东北	中部	西部
2011	0.122	0.105	0.073	0.035	0.064
2012	0.115	0.102	0.033	0.065	0.059
2013	0.119	0.106	0.030	0.063	0.071
2014	0.119	0.106	0.031	0.068	0.067
2015	0.116	0.107	0.034	0.044	0.068
2016	0.116	0.103	0.037	0.040	0.070
2017	0.117	0.106	0.039	0.038	0.069
2018	0.120	0.113	0.037	0.044	0.075
2019	0.118	0.109	0.039	0.083	0.043
2020	0.125	0.095	0.041	0.077	0.046
均值	0.119	0.105	0.039	0.056	0.063

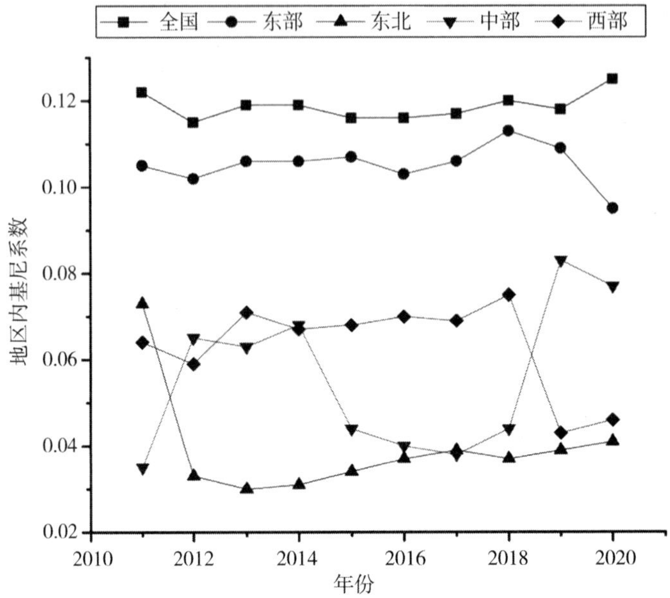

图 4.10 协调度的地区内差异

（2）地区间差异分析

由表 4.4 可知，2011—2020 年东部-东北和东部-西部的地区间协调度差距均呈现逐渐缩小趋势，且变动趋势基本相同。其他地区间的基尼系数有增大的趋势。东部—东北、东部—中部、东部—西部的地区间基尼系数高于其他组，均值为 0.07～0.163。从地区来看，东部的地区间基尼系数较大，西部和中部的地区间基尼系数较小，协调度存在空间非均衡分布特征。

表 4.4 地区间基尼系数

年份	东部-东北	东部-中部	东部-西部	东北-中部	东北-西部	中部-西部
2011	0.150	0.143	0.195	0.068	0.086	0.070
2012	0.136	0.145	0.184	0.061	0.067	0.077
2013	0.136	0.149	0.188	0.064	0.072	0.082
2014	0.131	0.153	0.187	0.071	0.078	0.082
2015	0.132	0.165	0.181	0.058	0.075	0.064
2016	0.125	0.165	0.181	0.063	0.081	0.062

续表

年份	东部-东北	东部-中部	东部-西部	东北-中部	东北-西部	中部-西部
2017	0.126	0.171	0.180	0.068	0.080	0.061
2018	0.125	0.174	0.180	0.075	0.085	0.066
2019	0.119	0.173	0.174	0.088	0.085	0.070
2020	0.118	0.192	0.193	0.103	0.099	0.069
均值	0.130	0.163	0.184	0.072	0.081	0.070

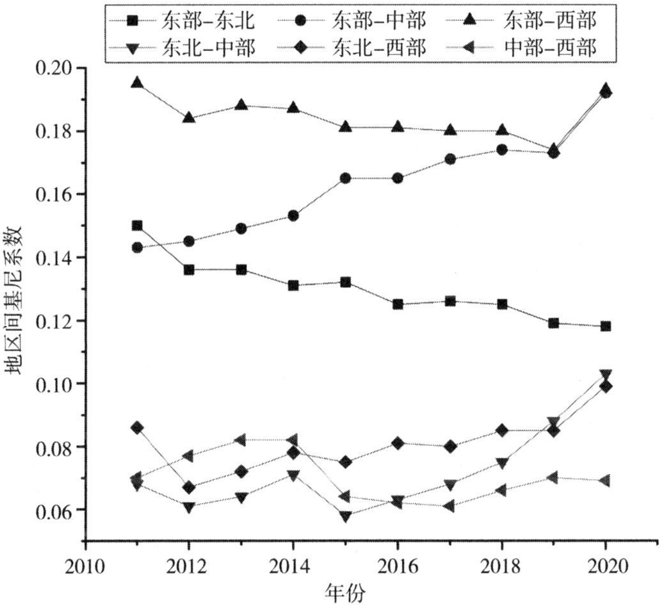

图 4.11　协调度的地区间差异

3. 地区差异贡献率分析

根据表 4.5 的计算结果，协调度的地区间差距的贡献率（均值为 69.61%）远高于地区内差距的贡献率（均值为 20.28%）。从时间变化来看，地区内差距、地区间差距和超变密度的贡献率保持稳定，说明协调度在地区间和地区内的差矩保持相对稳定状态。从变化规律来看，地区内差距、超变密度的贡献率波动规律一致，地区间差距的贡献率则呈现相反的变动趋势。

2011年，地区间差距的贡献率为73.58%，此后呈现缓慢下降的态势，2019年降至65.24%；地区内差距的贡献率稳定在19%～23%，且呈微弱下降态势；超变密度整体上稳定在7%～13%。由此可知，地区间差矩是协调度总体差矩的主要来源，地区内差距有进一步缩小的趋势。

表4.5 地区差距贡献率

年份	地区内差矩		地区间差矩		超变密度		地区间总差矩	
	贡献值	贡献率/%	贡献值	贡献率/%	贡献值	贡献率/%	贡献值	贡献率/%
2011	0.024	19.341	0.089	73.584	0.009	7.074	0.098	80.659
2012	0.022	19.429	0.084	73.048	0.009	7.523	0.093	80.571
2013	0.024	20.198	0.083	70.126	0.012	9.676	0.095	79.802
2014	0.024	19.881	0.082	69.266	0.013	10.853	0.095	80.119
2015	0.024	20.464	0.080	68.325	0.013	11.210	0.093	79.536
2016	0.024	20.395	0.080	68.917	0.012	10.688	0.092	79.605
2017	0.024	20.558	0.080	68.240	0.013	11.202	0.093	79.442
2018	0.026	21.394	0.079	66.252	0.015	12.354	0.094	78.606
2019	0.026	22.047	0.077	65.241	0.015	12.712	0.092	77.953
2020	0.024	19.046	0.091	73.062	0.010	7.893	0.101	80.954
均值	0.024	20.275	0.083	69.606	0.012	10.119	0.095	79.725

第三节 收敛性分析

一、σ收敛

根据新古典理论，收敛性问题存在三种假说，分别为σ收敛、β收敛和俱乐部收敛。在这些收敛中，σ收敛主要表现为不同系统中某一变量的离差随时间的推移呈下降趋势，主要与截面数据有关。假设系统处于某一完全相同的环境下，β 收敛用以描述变量的增长率与其初始变量之间的负相关关系，其与时间序列无关。

本研究使用变异系数指标来分析 σ 收敛。本研究计算了 2011—2020 年协调度的变异系数和各省级行政区变异系数，结果如图 4.12 所示。由变异系数可以得出，自 2011 年以来，除东北地区以外，其他地区协调度的变异系数在不断扩大，说明中国旅游经济韧性与旅游经济高质量发展的协调度存在 σ 收敛，也有部分地区不存在 σ 收敛。一方面，东北地区的协调度存在 σ 收敛。具体表现为：全国的变异系数维持稳定，而变异系数较大的东北地区，该数值下降较快，如 2011 年东北地区的变异系数为 0.171，2020 年下降为 0.116。其他地区的变异系数均有小幅上涨，如中部与西部地区的变异系数虽然有变动，但变动幅度较小，东部地区基期变异系数为 0.072，2020 年仅增长为 0.093。另一方面，各地区内部的差异仍然较大。从变异系数来看，2019 年协调度的变异系数排名依次为东部、东北、西部和中部地区。其中，东北地区大于其他地区，但在 2015 后东北地区的变异系数逐渐低于西部地区。

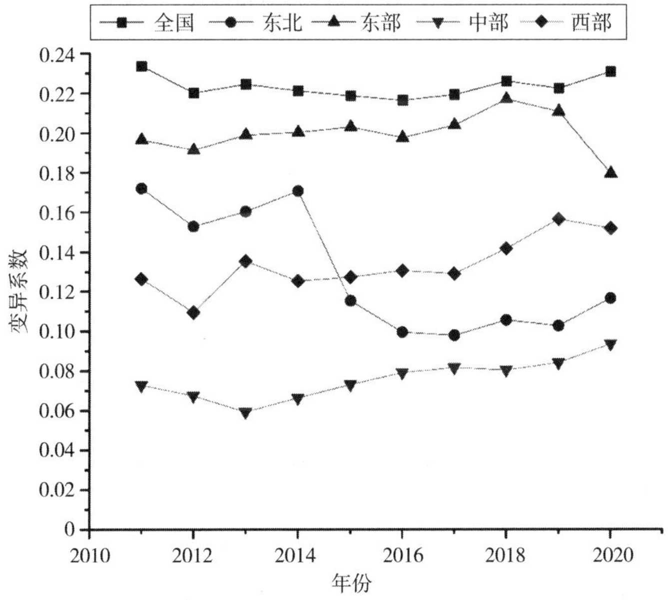

图 4.12 变异系数

二、β收敛

(一) 绝对收敛

从全国层面来看，协调度的系数估计值为－0.439，并通过了5%显著性水平检验，说明全国层面的协调度存在绝对β收敛。同时，东部、中部、西部和东北地区的协调度也呈现显著的绝对β收敛，说明这些地区的协调度差距正在逐步缩小。在过去10年的经济社会发展中，各省级行政区之间存在明显的绝对β收敛，而这种绝对收敛的速度比较缓慢。研究结果显示，绝对β收敛速度仅为0.578，半生命周期长达1.199年，且东部、中部、西部和东北地区的收敛速度与半生命周期之间存在明显的差异。西部地区的收敛速度与全国平均收敛速度相似，数值为0.506，半生命周期为1.370年；东北地区的收敛速率最快，为1.266，半生命周期仅为0.548年；中部地区的收敛速率最慢，为0.286，半生命周期为2.421年。

表4.6 东部、中部、西部和东北地区的绝对β收敛情况

变量	全国	东部	中部	西部	东北
yit	－0.439**	－0.614**	－0.249*	－0.397*	－0.718**
	(－3.206)	(－5.712)	(－2.128)	(－1.996)	(－6.490)
截距	1.432**	1.603**	1.245**	1.391**	1.715**
	－10.599	－15.164	－10.766	－7.073	－15.557
R^2	0.13	0.339	0.213	－0.045	0.172
样本量	270	90	54	99	27
时间固定效应	是	是	是	是	是
个体固定效应	是	是	是	是	是
收敛速度	0.578	0.952	0.286	0.506	1.266
半生命周期	1.199	0.728	2.421	1.370	0.548

注：括号内的数字为标准误；***，**，*分别表示在1%，5%和10%显著性水平上显著。

（二）条件收敛

为了进一步检验旅游经济韧性与旅游经济高质量发展的协调度收敛，分别引入政府干预（*gov*）、基础设施（*inf*）、产业结构（*ind*）和对外开放（*open*）等控制变量，进行条件收敛检验，表4.7给出了条件收敛检验的估计结果。全国、东部、中部、西部和东北5个样本均在不同显著水平下拒绝原假设。从各控制变量的估计系数可以看出，估计结果很好地支持了绝对收敛假说，但是收敛速度和半生命周期与绝对收敛结果有较大差异，如中部地区的收敛速度为0.567，比绝对收敛速度快一倍，半生命周期减少了一半。

综合回归结果来看，政府干预（*gov*）、基础设施（*inf*）、产业结构（*ind*）和对外开放（*open*）4个控制变量的估计系数均出现显著性，其中，政府干预（*gov*）和基础设施（*inf*）变量的系数较为稳健。

政府干预（*gov*）的系数显著为正。在全国和东北地区样本上得到了验证，说明政府干预可以促进旅游经济韧性和高质量协调发展。政府可以通过制定相关政策文件，指导旅游资源的开发利用，促进旅游业结构调整和转型升级，加大对包括道路、桥梁、停车场、厕所等在内的基础设施建设投入，促进地区间旅游合作交流，实现全域旅游发展。政府在促进旅游发展中扮演着重要的角色。

基础设施（*inf*）的系数显著为正。表明基础设施可以改善旅游经济韧性和旅游经济高质量发展的协调关系。依据全国样本的检验结果，基础设施每增加1%，协调度指数就会提高0.002%。发达的交通网络可以方便游客的出行，促进旅游业的发展。例如：高速公路、铁路、航空等交通基础设施，可以加快游客到达目的地的速度；住宿设施是满足游客居住需求的重要保障；景区设施是旅游景点正常运营的基础；信息化设施可以提升旅游服务水平，提高管理效率，促进旅游业与其他产业的融合发展。优质的基础设施可以提升旅游体验，促进旅游业的健康发展。因此，政府应加大对基础设施建设的投入，提升旅游服务质量。

产业结构（*ind*）的系数显著为负。服务业对旅游业的发展起着关键性的支撑作用。服务业为旅游提供了各种服务，包括酒店住宿、餐饮服务、导游服务、交通运输等，服务业的发展水平直接影响着旅游的质量。旅游业的发展带动了服务业的增长，同时也为服务业提供了发展的机会；服务业的发展又促进了旅游业的发展，形成了良性循环。

对外开放（*open*）的系数显著为正。对外开放可以吸引外国游客来中国旅游消费，增加国际旅游收入，促进旅游经济增长和社会就业。同时，旅游业的发展也为其他产业提供了发展机会，促进了区域经济的多元化发展。对外开放还可以促进旅游资源的跨区域开发利用，推动区域协调发展，促进区域间的互利合作。

表 4.7　东部、中部、西部和东北地区条件 β 收敛情况

变量	全国	东部	中部	西部	东北
yit	−0.518**	−0.625**	−0.433**	−0.412*	−0.697**
	(−3.194)	(−6.271)	(−2.773)	(−2.115)	(−6.353)
ln _ *gov*	0.016**	0.006	0.009	0.007	0.006**
	−2.722	−0.963	−0.592	−0.353	−3.266
ln _ *inf*	0.002**	0.003**	0.004	−0.016	0.022
	−3.463	−2.965	−0.572	(−0.578)	−0.947
ln _ *ind*	−0.007*	−0.004	−0.011**	0	0.001
	(−2.788)	(−1.688)	(−5.149)	(−0.080)	−0.23
ln _ *open*	0.003*	0	0.001	0.003	−0.004
	(−1.08)	(−0.123)	−0.148	−1.196	(−1.204)
截距	1.452**	1.670**	1.663**	1.265**	1.813**
	−9.38	−15.385	−14.22	−5.939	−11.084
R^2	0.234	0.355	−4.01	−0.132	−2.173
样本量	270	90	54	99	27
时间固定效应	是	是	是	是	是
个体固定效应	是	是	是	是	是

续表

变量	全国	东部	中部	西部	东北
收敛速度	0.730	0.981	0.567	0.531	1.194
半生命周期	0.950	0.707	1.222	1.305	0.581

注：括号内的数字为标准误；***，**，*分别表示在1%，5%和10%显著性水平上显著。

本章在建立旅游经济韧性—旅游经济高质量发展评价指标体系后，利用熵值法和耦合协调度对2011—2020年中国30个省级行政区的旅游经济韧性—旅游经济高质量发展的协调度及其收敛性进行了分析。

（1）从协调度来看，两系统的协调度为0.300～0.570，呈上下波动趋势。东部地区要高于中部、西部和东北地区，总体呈现“西弱东强”的格局。总体来看，我国高水平协调度指数地区主要以集聚、连片发展为主，区域分布特征明显。

（2）动态协调度结果显示，两系统的协调度的剪刀差总体呈不断缩小的趋势。绝大部分年份的协调度旅游经济韧性发展速度大于旅游经济高质量发展演化速度。

（3）协调度的全国总体基尼系数差距表现为“迅速下降，缓慢上升”两个阶段。东部地区内基尼系数要高于西部地区、中部地区和东北地区。各地区间协调度差距呈现不同趋势，是我国协调度水平总体差距的主要来源，且存在空间非均衡分布。

（4）大部分地区两系统的协调度存在σ收敛和绝对β收敛，加入4个控制变量后，两系统的协调度存在条件β收敛。

第五章　韧性视角下促进旅游经济高质量发展的政策建议

第一节　提升旅游经济的抵抗与恢复能力

一、深度整合旅游资源，提高旅游资源的利用率

为促进区域旅游的繁荣发展，政府有必要制定政策支持旅游经济高质量发展。这些政策应深度挖掘和整合当地的旅游资源，充分发挥各地的旅游特色。同时，也需要在旅游产品和经营模式上进行创新，以提高游客的旅游体验。加强A级旅游景区的建设是其中的一项关键举措，能够有效地提升旅游资源的效益，强化旅游目的地品牌。还可以通过创意活动将文化资源融入旅游产业，促进地区旅游经济发展，缩小地区间旅游经济差异。

东部地区的首要任务是充分利用沿海区位优势，推动旅游投融资项目，为旅游资源开发奠定坚实的基础。其次，对海岸线环境进行治理，合理开发海岸线等旅游资源，以增强滨海旅游的核心竞争力。最后，政府应推动旅游与文艺表演的融合，促进旅游演艺提质升级，开发一系列高水平的旅游演艺项目，以提升本地旅游产业的竞争力。

中部地区在承接东西部地区旅游经济韧性与旅游经济高质量发展方面扮演着承上启下的重要角色。面对后疫情时代旅游市场消费模式与顾客偏好的变化，中部地区须调整旅游资源供给结构，增加安全、健康旅游产品和服务的供给，缓解危机对旅游经济的冲击，推进旅游经济的复苏。

西部地区政府应当在旅游资源开发建设方面制定科学合理且具有操作性的政策。西部地区可以积极改变旅游业的增长模式，充分考虑当地自然和人文资源，合理配置旅游产业要素，找到差异化的发展途径，建立旅游经济发展的良性循环。例如，新疆等后开发地区可以传统文化开发为主导，加快培育文化旅游产品，包括建设一批少数民族特色村镇，打造民族文化旅游示范区，还可以设立边境旅游试验区和跨境旅游合作区，使其成为西部地区旅游经济新的增长极。西部地区政府应主动践行新发展理念，选择环境友好型和资源节约型发展方向，重点关注生态旅游、康养旅游、农业旅游等，兼顾经济增长、环境保护和居民福利，最终实现产业发展上的“弯道超车”和制度上的“换道超车”。

二、挖掘国内旅游市场，促进旅游经济发展

旅游经济需要着重培育国内市场，国内旅游市场的挖掘成为旅游业发展的关键。

在东部地区，可以进一步优化区域旅游资源，包括加强景点的管理和维护，改善旅游基础设施，提高旅游服务质量，吸引更多游客。可以发展高端旅游产品，吸引高消费人群，如可以推出奢华旅游线路、定制化服务等。可以利用东部地区丰富的文化资源，加强文化和创意旅游的建设，推出主题旅游活动、文化体验项目等，吸引更多游客，从而增加旅游业收入。

中部地区拥有众多的乡村风情和自然景观，可以通过发展农家乐、生态旅游、乡村民宿等旅游项目，吸引乡村旅游观光客。中部地区有着丰富的农业资源，可以推动旅游与农业深度融合，开展农业观光、农事体验等活动，丰富旅游产品线，提高游客停留时间和消费水平。可以加强与东部、西部的区域间合作，打造跨地区、跨行业的旅游产品和旅游线路，提高旅游资源的

整体利用效率，增强中部地区的旅游竞争力。

对西部地区而言，一是开发特色景区和旅游线路。西部地区拥有独特的自然景观和民族文化，如高原风情、丝绸之路文化等，通过开发特色景区和旅游线路，可以吸引国内外游客，提高旅游业收入。二是加强生态保护和环境治理。西部地区旅游业发展水平还比较低，生态环境对旅游业发展至关重要，需要加强生态保护和环境治理，确保旅游资源可持续利用，提高游客的满意度和重游率，提高旅游业收入。三是促进民族文化交流。西部地区可以通过加强民族文化交流活动，如举办民族文化节庆、民俗表演等，增强旅游目的地的吸引力和影响力，从而提高旅游业收入。

三、调整产业结构，增加旅游产业份额

旅游业发展应适应市场环境变化。调整产业结构，有助于加速旅游业发展并增强旅游经济韧性。应因地制宜地推动旅游业发展，提升旅游业在区域经济中的比重，从而提升旅游经济韧性水平。

在东部地区，应当加速旅游产业链融通和市场要素流动，使其更好地适应外部环境的冲击。通过加速调整旅游业结构，推动高质量旅游发展，提升旅游业在区域经济中的比重。东部地区应当注重发挥旅游业的带动作用，加强与其他产业的协同发展，实现“旅游＋”的效应。在推动“旅游＋”产业发展的同时，需要关注旅游业创新对旅游经济韧性的推动作用，其不仅有助于全面发挥旅游业的最大潜力，而且可以提升旅游业在区域经济中的地位，为区域经济的可持续发展奠定坚实基础。

中部地区可以加强与东部、西部地区的合作，共同推动旅游经济高质量发展。通过打造区域旅游品牌，增加旅游目的地的吸引力，提升旅游业在区域经济中的比重。中部地区农业和文化资源丰富，可以通过发展乡村旅游，推动“农业＋旅游”“文化＋旅游”融合发展。可以通过政策支持和投资引导，加强乡村旅游基础设施建设，吸引更多游客。

西部地区有大量的自然景观，需要加强生态保护工作，在保护好旅游资源的同时，推动旅游经济高质量发展，通过生态旅游的发展，实现经济效益

与生态效益的双赢。西部地区有着丰富的民族文化资源，可以通过推动民族文化交流活动，吸引更多游客前来体验。西部地区必须通过有效手段消除旅游产业与其他产业之间的障碍，确保“旅游＋”能够发挥最大的溢出效应。

四、提高居民消费能力，助推旅游经济增长

居民的财富水平与经济的复苏能力正相关，即越富裕的地区，其复苏能力越强。在外部环境不稳定的情况下，居民的消费能力对于旅游经济的恢复、调整和转型至关重要。居民消费已成为拉动内需、振兴经济的主要驱动力，而提高居民收入水平则是提升地区居民消费能力的关键途径。为促进居民就业和提高居民工资水平，需要完善企业的政策，从而保障居民收入增长，激发居民消费，推动旅游经济的发展。政府和企业应该通力合作，推动地区收入水平的提升，以增强居民的消费能力，为旅游业发展打下坚实基础。

东部地区可以通过促进高科技产业、服务业等高附加值产业的发展，提供更多高薪就业机会，提高就业岗位质量。鼓励创新创业，吸引人才留在东部地区就业，提高消费能力。完善社会保障制度，提高养老、医疗、失业等社会保障水平，减轻居民负担，增强消费信心。支持企业建立健全员工福利制度，提高员工的福利待遇，增强其消费能力。发展文化旅游、休闲娱乐等消费型产业，提升消费体验，吸引更多消费者。支持电商平台发展，拓展线上消费渠道，提高消费的便利性。

中部地区应加大改革开放力度，优化营商环境，吸引更多外资和民间投资，推动中部地区产业升级和结构优化。发展现代服务业，培育智慧旅游等现代服务业，提高中部地区的服务业发展水平和产业附加值，增加就业机会，提升居民收入水平。推进城乡一体化发展战略，加强农村基础设施建设，提升农村居民生活水平，提高农村居民消费能力。打破城乡二元结构，促进资源要素有序流动，实现城乡居民收入分配的均衡。

西部地区应汲取中部和东部地区的经验，基于自身经济发展水平，深化企业职工薪资体系，以确保员工获得合理增长的收入。应健全社会保障体系，对各地具有公益性质的景点实行低收费制度。对当地知名景点，可考虑在非

节假日实施低收费制度，为公众提供更多机会，以拓宽其消费领域，促进旅游经济高质量发展。同时，应提升人才素质，加强技能培训，提高西部地区居民的就业能力和竞争力。政府可以提供职业培训补贴，鼓励居民提升技能，拓展就业岗位，从而提高居民消费能力。

五、优化产业结构，加快地方经济发展转型

（一）推动产业结构升级

发达国家的发展经验告诉我们，产业结构升级是经济体实现经济发展并保持竞争优势的必然要求，主要表现在产业结构的重心从低附加值、技术水平落后、发展较为粗放的第一产业向更高级的第二产业和第三产业转移。

政府可以通过合理开发区域优质旅游资源，加强区域间的合作，利用高韧性地区的力量带动低韧性地区的发展，促进产业多元化的溢出效应，并结合行政手段和经济手段寻找新的经济增长点。同时，可以通过政府主导的省际合作，定期交流经验，拓展产业链，加速产业集群的发展。

东部地区可以通过区域间协同发展，充分利用各区域之间的空间联系，合理利用不同区域的优势条件，推动产业资源的跨区域流动，实现产业结构多元化。政府可以通过引导消费结构的优化，推动产业结构的多元化发展。例如，鼓励企业开发多元化的旅游产品，吸引更多消费者，从而促进旅游产业发展。可以考虑将东部地区产业逐步向周边地区转移，特别是劳动密集型产业的转移，促进东部地区经济增长。

中部地区可以加强省际合作，共同推动产业结构升级。政府可以定期组织各地区间的产业交流和合作，加强产业链的延伸和优化，促进产业结构升级。还可以重点挖掘和发展地区特色产业，如特色农产品加工业、乡村旅游业等，通过政府扶持和引导，加强特色产业的培育和发展，促进产业结构的多元化。中部地区存在产业结构单一、过度依赖旅游业的问题。一方面，可以通过调整门票经济的发展模式，制定差异化且有吸引力的票价政策，以激发游客兴趣，促使其在景区内进行更多消费。积极开拓旅游市场，发掘并推

广具有地域特色的旅游产品，吸引更多游客前来游玩。另一方面，应全方位拓展旅游供给，包括强化景区基础设施建设、提升服务水平、拓展旅游活动等，从而提升整体旅游体验。通过延伸旅游消费产业链，推动相关产业的融合发展，增加旅游的附加值，从而促进旅游景区的优化升级，实现旅游经济高质量发展。

（二）促进旅游产业多元化

产业多元化在旅游经济中的作用不容忽视，其可作为产业转型的重要驱动力。通过引入多元化的产业结构，旅游经济体能够更好地适应市场变化与外部冲击。然而，需注意不同地区的差异性，特别是西部地区，其产业基础可能较为薄弱，仅依赖产业多元化并不可行。这些地区应依托区域优势，注重产业协同发展，发挥各自的资源优势，实现经济转型与创新的有机融合。对于东部和中部地区，上下游产业链为旅游经济结构的多元化提供了新的契机。通过扩展产业链，不仅可以增加就业机会，提高收入，还能够促进产业集聚与资源共享。这种上下游产业通过协作构成了一个相互依存、互惠互利的生态系统，有助于提升整体经济效益与市场竞争力。

区域性差异决定了不同地区在产业多元化策略上的差异性。东部、中部地区具备较高的经济发展水平，应注重产业结构的灵活性与多元化，以应对外部环境的变化与风险。西部地区则应重视区域间的协同发展，通过资源整合与合作，实现产业链的优化与升级，推动当地旅游经济持续健康发展。

多元化产业结构为区域经济注入了活力，增加了区域经济应对外部冲击的韧性。然而，必须审慎看待多元化与专业化之间的关系。不能简单地将产业多元化视为抵御经济冲击的唯一途径，而忽视了专业化产业的重要性及其在经济发展中的地位。首先，旅游经济系统的多元化和专业化是劳动分工发展的结果。长期以来，产业多元化和专业化被视为对立，但研究表明，二者并非完全矛盾。实际上，在一个区域内，各个小区域单元都呈现出较高的产业专业化水平，而整体区域则展现出产业多元化。其次，受到历史和社会环境的影响，区域经济衰落往往是由于产业结构专业化所致。但是过度追求产业多元化，可能会忽视产业专业化，从而限制区域旅游经济的发展。因此，区域旅游经济需要在追求产业多元化的同时，注重旅游产业专业化，以实现多元化与专业化的有机结合，推动区域旅游经济持续健康发展。

六、完善旅游基础设施建设，提高旅游目的地接待能力

为推动旅游经济高质量发展，各地区需要加强公路、航空等交通设施建设，通过优化区域道路布局，确保交通干线与旅游景区有机衔接，以提升游客的可达性。同时，必须持续完善城市公共交通、共享交通等综合交通服务体系，为游客提供更为便捷、高效的出行服务。另外，要完善星级饭店布局，提升星级饭店服务水平，改善旅客入住体验。在旅游服务的过程中，旅行社不仅要注重宣传旅游景点的亮点，更要关注游客在旅游中的体验与感受。

东部地区可以加大交通投资力度，进行高速公路扩容、跨省交通建设等，提高路网密度和质量，提高区域间的连通性和旅游目的地的可达性，以增强对周边旅游目的地的辐射带动作用。东部地区要注重提升旅行社服务质量，在保证满足旅游市场需求的前提下，提供个性化的旅游服务。政府应加强监管，提升旅行社服务标准，规范旅游市场秩序，确保旅游服务质量。应加快星级饭店建设速度，推动社会资本进入酒店业投资，提升酒店服务质量，改善旅游设施的舒适度和品质。

中部地区需加快提高路网密度。政府可以通过政策扶持和资金支持，加快交通基础设施建设，加强区域之间的连通性，提升旅游目的地的可达性。中部地区的旅游资源丰富，政府可以出台优惠政策，吸引更多社会资本进入旅游行业，通过政府财政支持发展旅行社，提高旅游服务供给能力。中部地区政府可以出台土地和税收等优惠政策，吸引国内外投资者兴建星级饭店，提高区域旅游接待能力。

西部地区政府可以加大资金投入，充分发挥财政支持的作用，加快公路、铁路等交通设施建设，确保西部地区享受到政策红利，实现区域交通设施协调发展。西部地区旅游资源丰富，但旅游服务相对不足，可以分层分类加强星级饭店建设，提高酒店服务质量，提高旅游服务能力。政府可加强旅行社

人员培训和人才引育工作，提高旅行社服务水平和管理水平，规范旅行社发展，提升旅游经济韧性。

第二节　提升旅游经济的适应与调整能力

一、加强教育和培训，提高旅游业就业吸纳能力

完备的就业政策体系是提高旅游经济韧性的重要保障。区域经济需要优化产业结构，提升第三产业的就业吸纳能力。促进旅游业发展，可以为地区创造更多就业机会，促使地区旅游经济健康持续发展。

东部地区旅游业发达，需要更多高素质的旅游从业人员。东部地区可以通过定期分类培训来提高旅游业从业人员的文化素养和专业服务技能，以更好地适应个性化、高端化的旅游需求。旅游从业人员的培训内容应包括历史、文化、服务技能等多个方面，为旅游从业人员提供全面的职业发展支持。旅游主管部门、旅游企业、高校等主体可以联合起来开展创新型旅游人才培养，为旅游从业人员提供先进的管理理念和科学技术，为旅游经济高质量发展提供更优质的人力资源。东部地区可以充分利用其丰富的人力资源，为旅游业提供更多的高素质劳动力储备。旅游主管部门可以制定积极的就业扶持政策，支持中小微旅游企业发展，增加旅游就业人数。此外，旅游业可以加强与其他产业的融合，拓展智慧旅游、数字旅游、农业旅游、节事旅游等旅游业态，增加旅游就业机会。

中部地区需要注重劳动力资源的统筹调配。中部地区可以制定积极的旅游就业政策，最大限度地利用减税降费、金融支持等政策，帮助中小微旅游企业稳定就业岗位，提高旅游业的吸纳就业能力。中部地区可以通过推动旅游产业结构升级，开发新的旅游业态，增加高附加值旅游业的就业岗位。政府可以加强与高校、科研院所等主体的合作，推动创新型旅游人才联合培养计划，培养适应市场需要的旅游复合型人才，提升旅游从业人员的素质和服

务能力。中部地区要关注劳动力生产要素的聚集，以提升旅游经济总量和要素积累，从而强化区域的抗冲击能力。此外，中部地区应全面考虑潜在的风险，通过科学严谨的风险评估机制，有针对性地化解风险。同时，中部地区应加强与周边地区的经济合作，推动合作共赢，从而全面提升旅游经济韧性。

西部地区需要积极保护优秀传统文化的本真性。通过引入先进的管理理念和科学技术，对旅游从业人员进行培训，培训内容包括食宿服务、文艺表演、民族文化宣传等方面，以提升从业人员的服务水平，更好地满足不断变化的旅游市场需求。西部地区亟需深化与发达地区的旅游合作，以促进旅游资源、科学技术、人才培养和客源等方面双向流动。政府可以通过政策引导，吸引外来投资，推动旅游业发展，增加就业机会。

二、提高财政自给水平，扩大财政规模

政府可以充分地调动和配置社会资源，为经济发展提供强大的资金支持。政府拥有足够的资金储备，能够快速调动资源、提供充足的物资支持，以应对危机，推动旅游经济的快速恢复和高质量发展。强大的财政实力不仅能够提高政府应对危机的灵活性，还能为推动社会发展奠定坚实的基础。在未来旅游经济韧性建设中，首要任务是优化财政预算和支出体系，提高财政的自给水平。其次，要更加充分地利用市场机制，合理配置资源，实施更为有效的宏观调控，逐步提升区域旅游经济韧性水平。

东部地区政府的自给水平通常相对较高，应进一步支持旅游经济的发展。东部地区政府可以加大对旅游创新的投入，加强公共服务领域的支出，提高资源配置的效率和质量。市场是最有效的资源配置手段。东部地区政府应鼓励更多市场主体参与资源配置，发挥市场在经济活动中的决定性作用，从而促进旅游经济高质量发展。

中部地区需要采取措施增强财政自给能力。一是鼓励发展高新技术产业、现代服务业等新兴产业，增加财政收入来源，提高财政自给水平。二是在教育、医疗等公共事业领域增加投入，缩小与东部地区公共服务的差距。三是加强对财政资金使用情况的监督，提高资金使用效率，避免浪费。

西部地区需要适当调整税收政策，吸引更多企业投资，增加税收收入，以提高财政自给水平。西部地区政府应加强对交通、通信等基础设施建设的投入，提升西部地区的发展水平，吸引更多游客和旅游投资。应加强跨区域合作，共同开发旅游资源，提高西部地区的经济活力和财政收入水平。

第三节　提升旅游经济的创新与转型能力

一、增加教育投入，加大人才供给

增加教育投入可以提高旅游业人才素质、服务品质和创新能力，从而提升创新与转型能力，实现旅游经济高质量发展。

东部地区政府可以通过增加教育经费预算、优化教育资源配置等方式来提高旅游教育水平，如增加高校建设资金、提高教师待遇、加大对科研和创新的资金支持等。通过增加教育投入，提升旅游教育质量，培养更多高素质的旅游从业人员和创新人才，为旅游经济高质量发展提供人才保障。

中部地区政府可以通过精准施策，将教育资金集中投入义务教育和职业教育等方面，培养适应旅游市场需求的专业人才，逐步提高旅游从业人员的素质和服务技能。

西部地区政府可以通过强化教育扶贫政策，重点支持旅游教育发展，对学校进行建设和改造，使教育资源合理配置，为适龄青年提供更好的教育机会，加大西部地区旅游从业人员的供给。

二、加快人才引进，重视旅游智力建设

高层次人才是技术创新和知识外溢的重要保障，是推动知识创新、产业升级，提高旅游经济韧性的有力支撑。地方政府应加强人才体制改革，建立人才交流平台，促进科技成果转化和创新创业，构建“引、培、用、留”四位一体人才供应链，建设高水平人才队伍。

东部地区政府可以进一步加大对旅游院校的支持，增加旅游高学历人才的数量。东部地区政府可以建立更多的科研创新平台，吸引人才参与旅游领域的创新研究和实践活动。同时，政府可以出台人才政策，如住房补贴、税收优惠等，做好高学历人才“引、培、用、留”工作。

中部地区政府可以引入高水平的教师资源，提高教育质量。中部地区可以鼓励高学历人才下沉到基层，参与当地旅游经济的运营和管理，促进地方旅游经济高质量发展。中部地区可以加强与东部地区的人才交流与合作，吸引东部地区的高素质人才到中部地区，支持旅游业发展。

西部地区政府可以通过提供更多的优惠政策和福利，如住房补贴、税收减免等，吸引更多高学历人才到西部地区从事旅游业。同时，西部地区也要加强基础教育和职业教育，培养更多适应地方发展需要的人才，提升整体人才素质。西部地区可以推动产学研合作，建立与高校、科研院所和企业的合作机制，促进旅游科研成果的转化和应用，吸引更多人才参与到旅游创新中来。

三、加大科研投入，助力旅游创新

加大科研投入有助于推动旅游创新，从而增强旅游经济韧性，促进旅游经济高质量发展。

东部地区政府可以通过增加科研经费、鼓励企业增加研发投入等方式，加大科研投入力度。政府可以引导企业开展高新技术产业研发，特别是旅游数字化、智能化，以提升旅游服务的效率。政府可以鼓励和支持创新型企业发展，通过税收优惠、资金扶持等方式，吸引更多高素质人才参与创新，提高科研产出水平。同时，要充分发挥企业家的带头作用，激发企业家创新的积极性，培育企业的自主创新优势。企业要建立完善的激励机制，使创新活动能够获得更多的利益回报。

中部地区可以制定符合自身发展需求的科技战略，明确科技发展方向和重点领域，促进科研资源的合理配置和利用。政府可以推动政产学研合作，将科研创新转化为实际生产力，推动旅游经济高质量发展。中部地区可以通过实施人才优惠政策、提供良好的科研环境等措施，吸引更多科技人才加入，提高科研产出。

西部地区政府可以加大科研项目资金投入，鼓励企业增加自主研发投入，提高科技创新产出。西部地区可以建立以政府为主导、以企业为主体、以市场为导向的区域创新体系，通过打造科技园区、孵化器等创新载体，提升科技成果转化效率。此外，政府可以加大对高校和科研机构的支持力度，鼓励优秀科研人才留在西部地区，同时，吸引区域外高水平科技人才到西部地区就业，提升科研产出水平。

参考文献

[1] Tucker L J M, Valle D, Moretto E M, et al. A social-ecological database to advance research on infrastructure development impacts in the Brazilian Amazon [J]. Scientific Data, 2016, 3 (1): 160071.

[2] Diaz-Sarachaga J M, Jato-Espino D, Castro-Fresno D. Is the sustainable development goals (SDG) index an adequate framework to measure the progress of the 2030 Agenda? [J]. Sustainable Development, 2018, 26 (6): 663-671.

[3] Songling Y, Ishtiaq M, Thanh B T. Tourism industry and economic growth nexus in Beijing, China [J]. Economies, 2019, 7 (1): 25.

[4] Neuts B. Tourism and urban economic growth: A panel analysis of German cities [J]. Tourism Economics, 2020, 26 (3): 519-527.

[5] Jin X, Qu M, Bao J. Impact of crisis events on Chinese outbound tourist flow: A framework for post-events growth [J]. Tourism Management, 2019, 74: 334-344.

[6] Xie W, Rose A, Li S, et al. Dynamic economic resilience and economic recovery from disasters: A quantitative assessment [J]. Risk Analysis, 2018, 38 (6): 1306-1318.

[7] Saja A M A, Teo M, Goonetilleke A, et al. A critical review of social

resilience properties and pathways in disaster management [J]. International Journal of Disaster Risk Science, 2021, 12 (6): 790-804.

[8] Gunderson L H, Holling C S, Light S S. Barriers and bridges to the renewal of regional ecosystems [M]. Columbia University Press, 1995.

[9] Walker B, Holling C S, Carpenter S R, et al. Resilience, adaptability and transformability in social-ecological systems [J]. Ecology and Society, 2004, 9 (2): 5.

[10] Berkes F, Colding J, Folke C. Navigating social-ecological systems: Building resilience for complexity and change [M]. Cambridge University Press, 2008.

[11] Holling C S. Resilience and stability of ecological systems [J]. Annual Review of Ecology, Evolution, and Systematics, 1973, 4: 1-23.

[12] Walker B, Salt D. Resilience thinking: Sustaining ecosystems and people in a changing world [M]. Island Press, 2012.

[13] Adger W. Social and ecological resilience: Are they related? [J]. Progress in Human Geography, 2000, 24: 347-364.

[14] Adger W N, Hughes T P, Folke C, et al. Social-ecological resilience to coastal disasters [J]. Science, 2005, 309 (5737): 1036-1039.

[15] Folke C. Resilience: The emergence of a perspective for social - ecological systems analyses [J]. Global Environmental Change-human and Policy Dimensions, 2006, 16: 253-267.

[16] Carpenter S, Walker B, Anderies J M, et al. From metaphor to measurement: Resilience of what to what? [J]. Ecosystems, 2001, 4 (8): 765-781.

[17] Adger W N, Vincent K. Uncertainty in adaptive capacity [J]. Comptes Rendus Geoscience, 2005, 337 (4): 399-410.

[18] Hassink R. Regional resilience: A promising concept to explain differences in regional economic adaptability? [J]. Cambridge Journal of Re-

gions，Economy and Society，2010，3 (1)：45-58.

[19] Boschma R. Towards an evolutionary perspective on regional resilience [J]. Regional Studies，2015，49：733-751.

[20] Martin R，Sunley P. On the notion of regional economic resilience：Conceptualization and explanation [J]. Journal of Economic Geography，2015，15：1-42.

[21] Simmie J，Martin R. The economic resilience of regions：Towards an evolutionary approach [J]. Cambridge Journal of Regions，Economy and Society，2010，3：27-43.

[22] Bristow G，Healy A. Economic crisis and the resilience of regions：A European study [M]. Edward Elgar Publishing，2018.

[23] Faggian A，Gemmiti R，Jaquet T，et al. Regional economic resilience：The experience of the Italian local labor systems [J]. The Annals of Regional Science，2018，60：393-410.

[24] Wang X，Li M. Determinants of regional economic resilience to economic crisis：Evidence from Chinese economies [J]. Sustainability，2022，14 (2)：809.

[25] Martin R，Sunley P，Gardiner B，et al. How regions react to recessions：Resilience and the role of economic structure [J]. Regional Studies，2016，50：561-585.

[26] Brown L，Greenbaum R T. The role of industrial diversity in economic resilience：An empirical examination across 35 years [J]. Urban Studies，2017，54 (6)：1347-1366.

[27] Brakman S，Garretsen H，Van Marrewijk C. Regional resilience across Europe：On urbanisation and the initial impact of the Great Recession [J]. Cambridge Journal of Regions，Economy and Society，2015，8 (2)：225-240.

[28] Li L，Zhang P，Li X. Regional economic resilience of the old industrial

bases in China—A case study of Liaoning Province [J]. Sustainability, 2019, 11 (3): 723.

[29] Capello R, Caragliu A, Fratesi U. Spatial heterogeneity in the costs of the economic crisis in Europe: Are cities sources of regional resilience? [J]. Journal of Economic Geography, 2015, 15 (5): 951-972.

[30] Chan C S, Nozu K, Zhou Q. Building destination resilience in the tourism disaster management process from the past experiences: The case of the 2018 Hokkaido Eastern Iburi earthquake in Japan [J]. Tourism Recreation Research, 2022, 47 (5-6): 527-543.

[31] Du Z, Zhang H, Ye Y, et al. Urban shrinkage and growth: Measurement and determinants of economic resilience in the Pearl River Delta [J]. Journal of Geographical Sciences, 2019, 29 (8): 1331-1345.

[32] Du Y, Wang Q, Hu A, et al. Influence evaluation of producer services agglomeration on economic resilience: Evidence from China Delta [J]. Journal of Geographical Sciences, 2022, 36 (3): 1-19.

[33] Martin R. Regional economic resilience, hysteresis and recessionary shocks [J]. Journal of Economic Geography, 2012, 12: 1-32.

[34] Manyena S B. The concept of resilience revisited [J]. Disasters, 2006, 30 (4): 434-450.

[35] Peterson G, Allen C R, Holling C S. Ecological resilience, biodiversity, and scale [J]. Ecosystems, 1998 (1): 6-18.

[36] Feng Y, Lee C C, Peng D. Does regional integration improve economic resilience? Evidence from urban agglomerations in China [J]. Sustainable Cities and Society, 2023, 88: 104273.

[37] Ribeiro P J G, Pena Jardim Gonçalves L A. Urban resilience: A conceptual framework [J]. Sustainable Cities and Society, 2019, 50: 101625.

[38] Knudsen D C, Rickly J M, Vidon E S. The fantasy of authenticity:

Touring with Lacan [J]. Annals of Tourism Research，2016，58：33-45.

[39] Reggiani A，Graaff T de，Nijkamp P. Resilience：An evolutionary approach to spatial economic systems [J]. Networks and Spatial Economics，2001，2：211-229.

[40] Martin R，Sunley P. Path dependence and regional economic evolution [J]. Journal of Economic Geography，2006，6 (4)：395-437.

[41] Martin R，Sunley P. Complexity thinking and evolutionary economic geography [J]. Journal of Economic Geography，2007，7 (5)：573-601.

[42] Boschma R，Martin R. Editorial：Constructing an evolutionary economic geography [J]. Journal of Economic Geography，2007，7 (5)：537-548.

[43] Martin R. Roepke lecture in economic geography-rethinking regional path dependence：Beyond lock-in to evolution [J]. Economic Geography，2009，86 (1)：1-27.

[44] Sutton J，Arku G. Regional economic resilience：Towards a system approach [J]. Regional Studies，Regional Science，2022，9 (1)：497-512.

[45] Sharma G D，Thomas A，Paul J. Reviving tourism industry post-COVID-19：A resilience-based framework [J]. Tourism Management Perspectives，2021，37：100786.

[46] Cochrane J. The sphere of tourism resilience [J]. Tourism Recreation Research，2010，35 (2)：173-185.

[47] Becken S. Developing a framework for assessing resilience of tourism sub-systems to climatic factors [J]. Annals of Tourism Research，2013，43：506-528.

[48] Lew A A. Scale，change and resilience in community tourism planning

[J]. Tourism Geographies, 2014, 16 (1): 14-22.

[49] Prayag G. Symbiotic relationship or not? Understanding resilience and crisis management in tourism [J]. Tourism Management Perspectives, 2018, 25: 133-135.

[50] Orchiston C. Tourism business preparedness, resilience and disaster planning in a region of high seismic risk: The case of the Southern Alps, New Zealand [J]. Current Issues in Tourism, 2013, 16 (5): 477-494.

[51] Sheppard V A, Williams P W. Factors that strengthen tourism resort resilience [J]. Journal of Hospitality and Tourism Management, 2016, 28: 20-30.

[52] Cellini R, Cuccia T. The economic resilience of tourism industry in Italy: What the "great recession" data show [J]. Tourism Management Perspectives, 2015, 16: 346-356.

[53] Dogru T, Marchio E A, Bulut U, et al. Climate change: Vulnerability and resilience of tourism and the entire economy [J]. Tourism Management, 2019, 72: 292-305.

[54] Okafor L E, Khalid U, Burzynska K. Does the level of a country's resilience moderate the link between the tourism industry and the economic policy response to the COVID-19 pandemic? [J]. Current Issues in Tourism, 2022, 25 (2): 303-318.

[55] Yicheol Han, Goetz S J. The economic resilience of U. S. counties during the great recession [J]. Review of Regional Studies, 2015, 45 (2): 131-149.

[56] Sensier M, Bristow G, Healy A. Measuring regional economic resilience across Europe: Operationalizing a complex concept [J]. Spatial Economic Analysis, 2016, 11 (2): 128-151.

[57] Östh J, Reggiani A, Peter N. Resilience and accessibility of Swedish

and Dutch municipalities [J]. Transportation, 2018, 45 (4): 1051-1073.

[58] Martin R, Gardiner B. The resilience of cities to economic shocks: A tale of four recessions (and the challenge of Brexit) [J]. Papers in Regional Science, 2019, 98 (4): 1801-1832.

[59] Briguglio L, Cordina G, Farrugia N, et al. Economic vulnerability and resilience: Concepts and measurements [J]. Oxford Development Studies, 2009, 37: 229-247.

[60] Yu H, Liu Y, Liu C, et al. Spatiotemporal variation and inequality in China's economic resilience across cities and urban agglomerations [J]. Sustainability, 2018, 10 (12): 4754.

[61] Huang C, Lin F, Chu D, et al. Spatiotemporal evolution and trend prediction of tourism economic vulnerability in China's major tourist cities [J]. ISPRS International Journal of Geo-Information, 2021, 10 (10): 644.

[62] Li L, Zhang P, Wang C. What affects the economic resilience of China's Yellow River Basin amid economic crisis—From the perspective of spatial heterogeneity [J]. International Journal of Environmental Research and Public Health, 2022, 19 (15): 9024.

[63] Cai X, Xu Y. Spatiotemporal evolution and influencing factors of tourism economic resilience under the impact of COVID-19—A case study of coastal cities in China [J]. Sustainability, 2023, 15 (24): 16668.

[64] Zhang P, Yu H, Xu L, et al. Synergistic relationship or not? Understanding the resilience and efficiency of the tourism economy: Evidence from Hainan Province, China [J]. Environment, Development and Sustainability, 2024 (26): 3793-3817.

[65] Yang S, Lu Y, Wang S. Quantitative simulation and verification of the

tourism economic resilience in urban agglomerations [J]. Scientific Reports, 2023, 13 (1): 18879.

[66] Chacon-Hurtado D, Kumar I, Gkritza K, et al. The role of transportation accessibility in regional economic resilience [J]. Journal of Transport Geography, 2020, 84: 102695.

[67] Yang X, Zhang D, Liu L, et al. Development trajectory for the temporal and spatial evolution of the resilience of regional tourism environmental systems in 14 cities of Gansu Province, China [J]. Environmental Science and Pollution Research, 2021, 28 (46): 65094-65115.

[68] Wang K, Chen X, Lei Z, et al. The Effects of tourism development on eco-environment resilience and its spatio-temporal heterogeneity in the Yangtze River Economic Belt, China [J]. Sustainability, 2023, 15 (22): 16124.

[69] Van der Waldt G. Local economic development for urban resilience: The South African experiment [J]. Local Economy, 2018, 33 (7): 694-709.

[70] Mazzola F, Pizzuto P, Ruggieri G. The role of tourism in island economic growth and resilience: A panel analysis for the European Mediterranean countries (2000—2015) [J]. Journal of Economic Studies, 2019, 46 (7): 1418-1436.

[71] Holm J R, Østergaard C R. Regional employment growth, shocks and regional industrial resilience: A quantitative analysis of the Danish ICT sector [J]. Regional Studies, 2015, 49 (1): 95-112.

[72] Zhang Q, Huang T, Xu S. Assessment of urban ecological resilience based on PSR framework in the Pearl River Delta urban agglomeration, China [J]. Land, 2023, 12 (5): 1089.

[73] Shi W, Gong Y, Wang L, et al. Heterogeneity of inbound tourism driven by exchange rate fluctuations: Implications for tourism business

recovery and resilience in Australia [J]. Current Issues in Tourism, 2023, 26 (3): 450-467.

[74] Ibanescu B C, Eva M, Gheorghiu A, et al. Tourism-induced resilience of rural destinations in relation to spatial accessibility [J]. Applied Spatial Analysis and Policy, 2023, 16 (3): 1237-1254.

[75] Fratesi U, Perucca G. Territorial capital and the resilience of European regions [J]. The Annals of Regional Science, 2018, 60 (2): 241-264.

[76] Desdiani N A, Sabrina S, Husna M, et al. Local budget resilience in times of COVID-19 crisis: Evidence from Indonesia [J]. Economies, 2022, 10 (5): 108.

[77] Yu S, Wang R, Zhang X, et al. Spatiotemporal evolution of urban shrinkage and its impact on urban resilience in three provinces of northeast China [J]. Land, 2023, 12 (7): 1412.

[78] He D, Tang Y, Wang L, et al. Can increasing technological complexity help strengthen regional economic resilience? [J]. Economic Change and Restructuring, 2023, 56 (6): 4043-4070.

[79] Clark J, Huang H I, Walsh J P. A typology of 'innovation districts': What it means for regional resilience [J]. Cambridge Journal of Regions, Economy and Society, 2010, 3 (1): 121-137.

[80] Lacitignola D, Petrosillo I, Cataldi M, et al. Modeling socio-ecological tourism-based systems for sustainability [J]. Ecological Modeling, 2007, 206 (1-2): 191-204.

[81] White V, McCrum G, Blackstock K L, et al. Indicators and sustainable tourism: Literature review [M]. Aberdeen, UK: Macaulay Institute, 2006.

[82] Rasoolimanesh S M, Ramakrishna S, Hall C M, et al. A systematic scoping review of sustainable tourism indicators in relation to the sus-

tainable development goals [J]. Journal of Sustainable Tourism, 2023, 31 (7): 1497-1517.

[83] Mikulić J, Kožić I, Krešić D. Weighting indicators of tourism sustainability: A critical note [J]. Ecological Indicators, 2015, 48: 312-314.

[84] McKercher B. The unrecognized threat to tourism: Can tourism survive 'sustainability'? [J]. Tourism Management, 1993, 14 (2): 131-136.

[85] Buckley R. Ecological indicators of tourist impacts in parks [J]. Journal of Ecotourism, 2003, 2 (1): 54-66.

[86] Choi H C, Sirakaya E. Sustainability indicators for managing community tourism [J]. Tourism Management, 2006, 27 (6): 1274-1289.

[87] Sharpley R. Tourism and sustainable development: Exploring the theoretical divide [J]. Journal of Sustainable Tourism, 2000, 8 (1): 1-19.

[88] Miller G. The development of indicators for sustainable tourism: results of a Delphi survey of tourism researchers [J]. Tourism management, 2001, 22 (4): 351-362.

[89] Tanguay G A, Rajaonson J, Therrien M C. Sustainable tourism indicators: Selection criteria for policy implementation and scientific recognition [J]. Journal of Sustainable Tourism, 2013, 21 (6): 862-879.

[90] Lu Y, Nakicenovic N, Visbeck M, et al. Policy: Five priorities for the UN sustainable development goals [J]. Nature, 2015, 520 (7548): 432-433.

[91] Hall C M, Williams A M. Tourism and innovation [M]. Routledge, 2019.

[92] Mowery D, Rosenberg N. The influence of market demand upon innovation: A critical review of some recent empirical studies [J]. Research policy, 1979, 8 (2): 102-153.

[93] Van der Aa W, Elfring T. Realizing innovation in services [J]. Scandinavian Journal of Management, 2002, 18 (2): 155-171.

[94] Aldebert B, Dang R J, Longhi C. Innovation in the tourism industry: The case of tourism [J]. Tourism Management, 2011, 32 (5): 1204-1213.

[95] Jiménez-Jiménez D, Sanz-Valle R. Innovation and human resource management fit: An empirical study [J]. International Journal of Manpower, 2005, 26 (4): 364-381.

[96] Fernandez J A, David E M, Chen S. Innovation in China [M] //Innovative to the core: Stories from China and the world. Emerald Publishing Limited, 2022: 53-90.

[97] Jiang J B, Tang J W. The coordinated development of regional tourism innovation in the Pearl River Delta: Based on interduality theory [J]. Geographical Research, 2018, 37 (9): 1751-1761.

[98] Pan Y, Weng G, Li C, et al. Coupling coordination and influencing factors among tourism carbon emission, tourism economic and tourism innovation [J]. International Journal of Environmental Research and Public Health, 2021, 18 (4): 1601.

[99] Andrades L, Dimanche F. Destination competitiveness and tourism development in Russia: Issues and challenges [J]. Tourism Management, 2017, 62: 360-376.

[100] Stauvermann P J, Kumar R R. Productivity growth and income in the tourism sector: Role of tourism demand and human capital investment [J]. Tourism Management, 2017, 61: 426-433.

[101] Wei M, Peng Q, Chen M, et al. Understanding the evolution of China's tourism industry performance: An internal-external framework [J]. International Journal of Tourism Research, 2020, 22 (4): 479-492.

[102] Antonakakis N, Dragouni M, Filis G. How strong is the linkage between tourism and economic growth in Europe? [J]. Economic Modelling, 2015, 44: 142-155.

[103] Ashworth G, Page S J. Urban tourism research: Recent progress and current paradoxes [J]. Tourism Management, 2011, 32 (1): 1-15.

[104] Chengcai T, Qianqian Z, Nana Q, et al. A review of green development in the tourism industry [J]. Journal of Resources and Ecology, 2017, 8 (5): 449-459.

[105] Zhang N, Ren R, Zhang Q, et al. Air pollution and tourism development: An interplay [J]. Annals of Tourism Research, 2020, 85: 103032.

[106] Van Donkelaar A, Martin R V, Brauer M, et al. Use of satellite observations for long-term exposure assessment of global concentrations of fine particulate matter [J]. Environmental Health Perspectives, 2015, 123 (2): 135-143.

[107] Tang Z. An integrated approach to evaluating the coupling coordination between tourism and the environment [J]. Tourism Management, 2015, 46: 11-19.

[108] Kasim A. The need for business environmental and social responsibility in the tourism industry [J]. International Journal of Hospitality & Tourism Administration, 2006, 7 (1): 1-22.

[109] Leitão N C. Does trade help to explain tourism demand? The case of Portugal [J]. Theoretical and Applied Economics, 2010: 63-74.

[110] Banerjee O, Cicowiez M, Gachot S. A quantitative framework for assessing public investment in tourism - An application to Haiti [J]. Tourism Management, 2015, 51: 157-173.

[111] Sokhanvar A. Does foreign direct investment accelerate tourism and economic growth within Europe? [J]. Tourism Management Perspectives, 2019, 29: 86-96.

[112] Lim C, Pan G W. Inbound tourism developments and patterns in China [J]. Mathematics and Computers in Simulation, 2005, 68 (5-6): 498-506.

[113] Nawaz M A, Hassan S. Investment and tourism: Insights from the literature [J]. International Journal of Economic Perspectives, 2016, 10 (4): 581-590.

[114] Akama J S. The role of government in the development of tourism in Kenya [J]. International Journal of Tourism Research, 2002, 4 (1): 1-14.

[115] Aynalem S, Birhanu K, Tesefay S. Employment opportunities and challenges in tourism and hospitality sectors [J]. Journal of tourism & Hospitality, 2016, 5 (6): 1-5.

[116] Cheng L, Zhang J. Is tourism development a catalyst of economic recovery following natural disaster? An analysis of economic resilience and spatial variability [J]. Current Issues in Tourism, 2020, 23 (20): 2602-2623.

[117] Orchiston C P G B. Organisational resilience in the tourism sector [J]. Annals of Tourism Research, 2016 (56): 145-148.

[118] Chowdhury M. Postdisaster social capital, adaptive resilience and business performance of tourism organisations in Christchurch, New Zealand [J]. Journal of Travel Research, 2019, 58 (7): 1209-1226.

[119] Bellini N, Grillo F, Lazzeri G, et al. Tourism and regional economic resilience from a policy perspective: Lessons from smart specialization strategies in Europe [J]. European Planning Studies, 2017, 25 (1): 140-153.

[120] Wang Z, Wei W. Regional economic resilience in China: Measurement and determinants [J]. Regional Studies, 2021, 55 (7): 1228-1239.

[121] Cheng T, Zhao Y, Zhao C. Exploring the spatio-temporal evolution of economic resilience in Chinese cities during the COVID-19 crisis [J]. Sustainable Cities and Society, 2022, 84: 103997.

[122] Ye C, Hu M, Lu L, et al. Spatio-temporal evolution and factor explana-

tory power analysis of urban resilience in the Yangtze River Economic Belt [J]. Geography and Sustainability, 2022, 3 (4): 299-311.

[123] Cheng S, Yu Y, Fan W, et al. Spatio-temporal variation and decomposition analysis of livelihood resilience of rural residents in China [J]. International Journal of Environmental Research and Public Health, 2022, 19 (17): 10612.

[124] Song Q, Zhong S, Chen J, et al. Spatio-temporal evolution of city resilience in the Yangtze River Delta, China, from the perspective of statistics [J]. Sustainability, 2023, 15 (2): 1538.

[125] Węglarczyk S. Kernel density estimation and its application [C]. ITM Web of Conferences. EDP Sciences, 2018: 00037.

[126] Rosenblatt M. Annals of mathematical statistics [J]. Remarks on a Multivariate Transformation, 1956, 23: 470-472.

[127] Parzen E. On estimation of a probability density function and mode [J]. The Annals of Mathematical Statistics, 1962, 33 (3): 1065-1076.

[128] Gramacki A. Nonparametric kernel density estimation and its computational aspects [M]. Springer International Publishing, 2018.

[129] Zambom A Z, Ronaldo D. A review of kernel density estimation with applications to econometrics [J]. International Econometric Review, 2013, 5 (1): 20-42.

[130] Sofi A A, Bhat M Y, Ahmad L, et al. Renewable energy and transitioning towards sustainable tourism: Inferences from kernel density and nonparametric approach [J]. Renewable Energy, 2022, 193: 963-975.

[131] Wang T, Wang L, Ning Z Z. Spatial pattern of tourist attractions and its influencing factors in China [J]. Journal of Spatial Science, 2020, 65 (2): 327-344.

[132] Zhu T, Yu K, Wang B. Spatial distribution characteristics and influ-

encing factors of cultural and tourism resources in Xihu district of Hangzhou [J]. Sustainability, 2023, 15 (14): 10978.

[133] Quah D T. Empirics for growth and distribution: Stratification, polarization [J]. Journal of Economic Growth, 1997, 2 (1): 27-59.

[134] Billingsley P. Statistical methods in Markov chains [J]. The Annals of Mathematical Statistics, 1961: 12-40.

[135] Rey S J. Spatial empirics for economic growth and convergence [J]. Geographical Analysis, 2001, 33 (3): 195-214.

[136] Cinlar E. Introduction to stochastic processes [M]. Courier Corporation, 2013.

[137] Slottje D J, Raj B. Income inequality, poverty, and economic welfare [M]. Heidelberg: Physica-Verlag HD, 1998.

[138] Mussard S, Richard P. Linking Yitzhaki' s and Dagum' s Gini decompositions [J]. Applied Economics, 2012, 44 (23): 2997-3010.

[139] Chengchao L, Yue C, Shanshan Y. Modern economic system: Evaluation index system, regional inequality and temporal-spatial evolution [J]. Journal of Shanghai University of Finance and Economics, 2021, 23 (05): 3-20.

[140] Ma T, Liu Y, Yang M. Spatial-temporal heterogeneity for commercial building carbon emissions in China: Based the Dagum Gini coefficient [J]. Sustainability, 2022, 14 (9): 5243.

[141] Shen W, Xia W, Li S. Dynamic coupling trajectory and spatial-temporal characteristics of high-quality economic development and the digital economy [J]. Sustainability, 2022, 14 (8): 4543.

[142] Wang W, Yang Y. Spatial-temporal differentiation characteristics and driving factors of China' s energy eco-efficiency based on geographical detector model [J]. Journal of Cleaner Production, 2024, 434: 140153.

[143] Chang G, Kai W. Research on coupling coordination of tourism devel-

opment and economic resilience in Hunan Province. [J]. Geography & Geographic Information Science, 2022, 38 (2): 137-144.

[144] Zhang Z, Li L, Guo Q. The interactive relationships between the tourism-transportation-ecological environment system of provinces along the 'Silk Road Economic Belt' in China [J]. Sustainability, 2022, 14 (5): 3050.

[145] 郭华，杨黎林子，杨玉香，等. 重大灾害事件后旅游目的地恢复力研究综述：概念、对策与经验借鉴 [J]. 旅游论坛，2021，14 (04)：77-90.

[146] 郭永锐，张捷，张玉玲. 旅游社区恢复力研究：源起、现状与展望 [J]. 旅游学刊，2015，30 (05)：85-96.

[147] 邢丽红，卢松，余伶莲，等. 基于 CiteSpace 的旅游社区恢复力知识图谱分析 [J]. 重庆交通大学学报（社会科学版），2018，18 (03)：76-83.

[148] 郭永锐，张捷，张玉玲. 旅游目的地社区恢复力的影响因素及其作用机制 [J]. 地理研究，2018，37 (01)：133-144.

[149] 张安伟，胡艳. 中国市域经济韧性结构分解与演变及其创新驱动机制 [J]. 经济地理，2023，43 (10)：23-33.

[150] 王新越，郭利贞. 中国省域入境旅游经济韧性时空特征与组态机制 [J]. 经济地理，2023，43：219-228.

[151] 方叶林，王秋月，黄震方，等. 中国旅游经济韧性的时空演化及影响机理研究 [J]. 地理科学进展，2023，42：417-427.

[152] 熊书华，刘逸，陈兵. 危机事件影响下的区域旅游经济韧性时空分异研究——以新疆为例 [J]. 湖南师范大学自然科学学报，2023,46：123-132.

[153] 王松茂，褚玉静，郭安禧，等. "一带一路"沿线重点省份旅游经济高质量发展研究——基于旅游资源转换效率的测度 [J]. 地理科学，2020，40 (09)：1505-1512.

[154] 王兆峰，张先甜. 黄河流域旅游经济系统韧性的时空差异特征及其影响因素 [J]. 地理与地理信息科学，2023，39 (03)：112-121.

[155] 王静依，李姣龙，何天祥，等. 环长株潭城市群旅游产业韧性时空演变

研究［J］. 中国生态旅游，2023，13（02）：252-267.
［156］王晨红，张爱平，胡美娟. 长三角地区旅游产业生态系统韧性的时空格局及障碍因子［J］. 地域研究与开发，2023，42（04）：82-88.
［157］王倩，赵林，于伟，等. 中国旅游经济系统韧性的时空变化特征与影响因素分析［J］. 地理与地理信息科学，2020，36（06）：113-118.
［158］习近平. 深入理解新发展理念［J］. 社会主义论坛，2019（6）：4-8.
［159］柳菲，李佳容. 新发展理念视角下中国旅游经济发展质量分析［J］. 北方经贸，2021（8）：158-160.
［160］唐任伍，徐道明. 新时代高质量旅游业发展的动力和路径［J］. 旅游学刊，2018，33（10）：11-13.
［161］彭淑贞，刘艳梅，吕臣. 基于马克思再生产理论的乡村旅游高质量发展研究［J］. 山东社会科学，2022（10）：111-117.
［162］舒伯阳，蒋月华，刘娟. 新时代乡村旅游高质量发展的理论思考及实践路径［J］. 华中师范大学学报（自然科学版），2022，56（1）：73-82.
［163］于法稳，黄鑫，岳会. 乡村旅游高质量发展：内涵特征，关键问题及对策建议［J］. 中国农村经济，2020（8）：27-39.
［164］张洪昌. 新时代旅游业高质量发展的治理逻辑与制度创新［J］. 当代经济管理，2019，41（9）：60-66.
［165］张海霞，黄梦蝶. 特许经营：一种生态旅游高质量发展的商业模式［J］. 旅游学刊，2021，36（9）：8-10.
［166］孙晓，刘力钢，陈金. 中国旅游经济高质量发展的测度［J］. 统计与决策，2021，37（17）：126-130.
［167］唐业喜，左鑫，伍招妃，等. 旅游经济高质量发展评价指标体系构建与实证——以湖南省为例［J］.资源开发与市场，2021，37（06）：641-647.
［168］肖黎明，王彦君，郭瑞雅. 乡愁视域下乡村旅游高质量发展的空间差异及演变——基于黄河流域的检验［J］. 旅游学刊，2021，36（11）：13-25.
［169］杜岩，李世泰，杨洋. 山东省乡村旅游高质量发展与乡村振兴耦合协调

发展研究［J］. 湖南师范大学自然科学学报，2022，45（3）：22-32.
［170］王兆峰，谢佳亮，吴卫. 环长株潭城市群旅游业高质量发展水平变化及其影响因素［J］. 经济地理，2022，42（3）：172-181.
［171］刘雨婧，唐健雄. 中国旅游业高质量发展水平测度及时空演化特征［J］. 统计与决策，2022，38（5）：91-96.
［172］田红，赵庆朋. 高质量发展下区域旅游生态效率评价及影响因素研究——以山东省为例［J］. 干旱区资源与环境，2022，36（12）：201-208.
［173］邢夫敏，孙琳. 基于旅游效率的江苏省旅游业高质量发展［J］. 企业经济，2019，38（10）：55-60.
［174］谭志喜，孙根年. 旅游业高质量发展基础：旅游资源福音论探析［J］. 社会科学家，2019（05）：108-115.
［175］马红梅，郝美竹. 高铁建设、区域旅游与经济高质量发展研究——以粤桂黔高铁经济带为例［J］. 重庆社会科学，2020（02）：79-90.
［176］明庆忠，邹建琴. 边疆地区基础设施对旅游高质量发展的非线性影响及空间溢出效应——基于动态空间杜宾模型的实证分析［J］. 广西社会科学，2022（08）：9-21.
［177］刘英基，韩元军. 要素结构变动、制度环境与旅游经济高质量发展［J］. 旅游学刊，2020，35（03）：28-38.
［178］乔向杰. 智慧旅游赋能旅游业高质量发展［J］. 旅游学刊，2022，37（02）：10-12.
［179］侯志强. 交通基础设施对区域旅游经济增长效应的实证分析——基于中国省域面板数据的空间计量模型［J］. 宏观经济研究，2018，43（02）：118-132.
［180］赵多平，孙根年，苏建军. 欧洲七国入境中国旅游与进出口贸易的关系——七国入境中国旅游与年的协整分析和 Granger 因果关系检验［J］. 世界地理研究，2011，20：121-133.
［181］王宏亮，郝晋珉，管青春，等. 内蒙古自治区城镇土地经济密度的区域差异及其收敛性分析［J］. 中国农业大学学报，2018，23（02）：139-146.

[182] 李慧媛，王子敏. 长三角城市群城市经济韧性测度与时空分异特征分析 [J]. 生产力研究，2024（02）：7-13+161.

[183] 朱琳. 中国区域经济韧性的质量评价与影响因素分析 [J]. 统计与决策，2024，40（03）：123-127.

[184] 蔡咏梅，李新英，孟令伟. 中国经济韧性测度及演化差异分析 [J]. 统计与决策，2024，40（02）：128-132.

[185] 何志浩，张学波，卢冰坤，等. 中国城市群经济韧性时空演变及障碍因子分析 [J]. 地理与地理信息科学，2023，39（06）：125-133.

图书在版编目（CIP）数据

韧性视角下的旅游经济高质量发展研究 / 罗瑶，易肖肖著. -- 湘潭 : 湘潭大学出版社，2024. 7. -- ISBN 978-7-5687-1474-7

Ⅰ. F592.3

中国国家版本馆 CIP 数据核字第 2024F4Z972 号

韧性视角下的旅游经济高质量发展研究

RENXING SHIJIAO XIA DE LÜYOU JINGJI GAOZHILIANG FAZHAN YANJIU

罗瑶 易肖肖 著

责任编辑： 罗 联
封面设计： 李 平
出版发行： 湘潭大学出版社
社　　址： 湖南省湘潭大学工程训练大楼
电　　话： 0731-58298960 0731-58298966（传真）
邮　　编： 411105
网　　址： http://press.xtu.edu.cn/
印　　刷： 长沙印通印刷有限公司
经　　销： 湖南省新华书店
开　　本： 710 mm×1000 mm 1/16
印　　张： 8
字　　数： 180 千字
版　　次： 2024 年 7 月第 1 版
印　　次： 2024 年 7 月第 1 次印刷
书　　号： ISBN 978-7-5687-1474-7
定　　价： 50.00 元